中国出版"走出去"重点图书出版计划立项
北大主干基础课教材立项
北大版商务汉语教材·新丝路商务汉语速成系列

新丝路
New Silk Road Business Chinese
高级速成商务汉语 Ⅱ

李晓琪　主编
李海燕　编著

图书在版编目(CIP)数据

新丝路:高级速成商务汉语Ⅱ / 李晓琪主编;李海燕编著.—北京:北京大学出版社,2009.9
(北大版商务汉语教材·新丝路商务汉语速成系列)
ISBN 978-7-301-13722-2

Ⅰ.新… Ⅱ.①李…②李… Ⅲ.商务-汉语-对外汉语教学-教材 Ⅳ.H195.4

中国版本图书馆CIP数据核字(2008)第058507号

书　　　　名:	新丝路——高级速成商务汉语Ⅱ
著作责任者:	李晓琪　主编　李海燕　编著
责 任 编 辑:	欧慧英
标 准 书 号:	ISBN 978-7-301-13722-2/H·1978
出 版 发 行:	北京大学出版社
地　　　　址:	北京市海淀区成府路205号　100871
网　　　　址:	http://www.pup.cn
电　　　　话:	邮购部 62752015　发行部 62750672　编辑部 62753374　出版部 62754962
电 子 邮 箱:	zpup@pup.pku.edu.cn
印　刷　者:	北京大学印刷厂
经　销　者:	新华书店
	889毫米×1194毫米　大16开　9.5印张　245千字
	2009年9月第1版　2019年6月第4次印刷
定　　　　价:	52.00元（含1张MP3）

未经许可,不得以任何方式复制或抄袭本书之部分或全部内容。
版权所有,侵权必究　　举报电话:010-62752024
　　　　　　　　　　　电子邮箱:fd@pup.pku.edu.cn

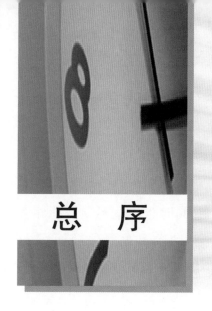

总　序

近年来,随着中国经济的持续快速发展,中国与其他国家贸易交流往来日益密切频繁,中国在国际社会的政治经济和文化影响力日益显著,与此同时,汉语正逐步成为一个重要的世界性语言。

与此相应,来华学习汉语和从事商贸工作的外国人成倍增加,他们对商务汉语的学习需求非常迫切。近年来,国内已经出版了一批有关商务汉语的各类教材,为缓解这种需求起到了很好的作用。但是由于商务汉语教学在教学理念及教学方法上都还处于起步、探索阶段,与之相应的商务汉语教材也在许多方面都存在着进一步探索和提高的空间。北京大学对外汉语教育学院自2002年起受中国国家汉语国际推广领导小组办公室的委托,承担中国商务汉语考试(BCT)的研发,对商务汉语的特点及教学从多方面进行了系统研究,包括商务汉语交际功能、商务汉语交际任务、商务汉语语言知识以及商务汉语词汇等,对商务汉语既有宏观理论上的认识,也有微观细致的研究;同时学院拥有一支优秀的多年担任商务汉语课程和编写对外汉语教材的教师。为满足社会商务汉语学习需求,在认真研讨和充分准备之后,编写组经过3年的努力,编写了一套系列商务汉语教材,定名为——新丝路商务汉语教程。

本套教程共22册,分三个系列。

系列一,综合系列商务汉语教程,8册。本系列根据任务型教学理论进行设计,按照商务汉语功能项目编排,循序渐进,以满足不同汉语水平的人商务汉语学习的需求。其中包括:

初级2册,以商务活动中简单的生活类任务为主要内容,重在提高学习者从事与商务有关的社会活动的能力;

中级4册,包括生活类和商务类两方面的任务,各两册。教材内容基本覆盖与商务汉语活动有关的生活、社交类任务和商务活动中的常用业务类任务;

新丝路——高级速成商务汉语 II
XINSILU GAOJI SUCHENG SHANGWU HANYU II

高级2册,选取真实的商务语料进行编写,着意进行听说读写的集中教学,使学习者通过学习可以比较自由、从容地从事商务工作。

系列二,技能系列商务汉语教程,8册,分2组。其中包括:

第1组:4册,按照不同技能编写为听力、口语、阅读、写作4册教材。各册注意突出不同技能的特殊要求,侧重培养学习者某一方面的技能,同时也注意不同技能相互间的配合。为达此目的,技能系列商务汉语教材既有分技能的细致讲解,又按照商务汉语需求提供大量有针对性的实用性练习,同时也为准备参加商务汉语考试(BCT)的人提供高质量的应试培训材料。

第2组:4册,商务汉语技能练习册。其中综合练习册(BCT模拟试题集)2册,专项练习册2册(一本听力技能训练册、一本阅读技能训练册)。

系列三,速成系列商务汉语教程,6册。其中包括:

初级2册,以商务活动中简单的生活类任务为主要内容,重在提高学习者从事与商务有关的社会活动的能力;

中级2册,包括生活类和商务类两方面的任务。教材内容基本覆盖与商务汉语活动有关的生活、社交类任务和商务活动中的常用业务类任务;

高级2册,选取真实的商务语料进行编写,着意进行听说读写的集中教学,使学习者通过学习可以比较自由、从容地从事商务工作。

本套商务汉语系列教材具有如下特点:

1. 设计理念新。各系列分别按照任务型和技能型设计,为不同需求的学习者提供了广泛的选择空间。

2. 实用性强。既能满足商务工作的实际需要,同时也是BCT的辅导用书。

3. 覆盖面广。内容以商务活动为主,同时涉及与商务活动有关的生活类功能。

4. 科学性强。教材立足于商务汉语研究基础之上,吸取现有商务汉语教材成败的经验教训,具有起点高、布局合理、结构明确、科学性强的特点,是学习商务汉语的有力助手。

总之,本套商务汉语系列教材是在第二语言教材编写理论指导下完成的一套特点鲜明的全新商务汉语系列教材。我们期望通过本套教材,帮助外国朋友快速提高商务汉语水平,快速走进商务汉语世界。

新丝路商务汉语系列教材编写组
于北京大学勺园

新丝路商务汉语系列教材总目

新丝路商务汉语综合系列	李晓琪　主编
新丝路初级商务汉语综合教程 Ⅰ	章　欣　编著
新丝路初级商务汉语综合教程 Ⅱ	章　欣　编著
新丝路中级商务汉语综合教程(生活篇) Ⅰ	刘德联　编著
新丝路中级商务汉语综合教程(生活篇) Ⅱ	刘德联　编著
新丝路中级商务汉语综合教程(商务篇) Ⅰ	蔡云凌　编著
新丝路中级商务汉语综合教程(商务篇) Ⅱ	蔡云凌　编著
新丝路高级商务汉语综合教程 Ⅰ	韩　曦　编著
新丝路高级商务汉语综合教程 Ⅱ	韩　曦　编著

新丝路商务汉语技能系列	李晓琪　主编
新丝路商务汉语听力教程	崔华山　编著
新丝路商务汉语口语教程	李海燕　编著
新丝路商务汉语阅读教程	林　欢　编著
新丝路商务汉语写作教程	林　欢　编著
新丝路商务汉语考试阅读习题集	李海燕　编著
新丝路商务汉语考试听力习题集	崔华山　编著
新丝路商务汉语考试仿真模拟试题集 Ⅰ	李海燕　林　欢　崔华山　编著
新丝路商务汉语考试仿真模拟试题集 Ⅱ	李海燕　崔华山　林　欢　编著

新丝路商务汉语速成系列	李晓琪　主编
新丝路初级速成商务汉语 Ⅰ	蔡云凌　编著
新丝路初级速成商务汉语 Ⅱ	蔡云凌　编著
新丝路中级速成商务汉语 Ⅰ	崔华山　编著
新丝路中级速成商务汉语 Ⅱ	崔华山　编著
新丝路高级速成商务汉语 Ⅰ	李海燕　编著
新丝路高级速成商务汉语 Ⅱ	李海燕　编著

编写说明

　　本套教材分上下2册，每册8课。选取真实的商务语料进行编写，着意进行听说读写的集中教学，使学习者通过学习可以比较自由、从容地运用汉语从事商务工作。

　　每课内容包括一篇主题课文及与课文内容相关的"听、读、说、写"和"综合运用"等几个部分。其中主题课文和"听一听"、"读一读"部分属于语言材料输入部分，"听一听"和"读一读"的材料尽量重现主题课文中的商务词汇和表达方式并适当补充一些新的相关词语。"说一说"和"写一写"部分属于语言输出部分，基本上没有新的文章和生词，主要是培养学生运用前面输入的词汇和语言材料进行输出练习。"综合运用"部分是综合性的任务练习，需要学生在课外综合运用本课学习的语言技能去完成一项与商务有关的任务和活动。另外，每课还有"商务背景知识链接"和部分练习的参考答案。

　　本套教材每课的生词量控制在60个左右，包括主题课文、听和读三个部分的生词。每册生词为500个左右。因为可能有很多学习者并不是先学完了上册才学下册，所以小部分重要的商务词语虽然在上册出现过，但仍在下册生词表中列出。为了帮助学生更好地掌握最常用的商务词汇，在教材编写过程中，十分注意选择《商务汉语考试(BCT)大纲》中附录的商务汉语词语表一和表二的词汇。本套教材在生词表中列出的约1000个生词中，有68%以上是商务汉语词语表一和表二中的词汇。另外需要说明的是，除了列出的生词表外，在句型讲练、课后练习、说一说、写一写和综合

编写说明

运用中还有少量商务生词,采取随文注释的方法帮助学习者理解学习。这部分词语中也有不少是商务汉语词语表一和表二中的词汇。

  本套教材内容比较丰富,每课内容全部学完大概需要 8—10 个课时。由于每课的内容是由很多个小环节组成的,教师在教学中可以根据学生水平和实际教学要求有所取舍。很多练习可以放到课外由学生分组完成,在课堂上教师只需检查学生学习成果。"商务背景知识链接"仅供师生参考,可不作为教学内容。

编者

目 录

第一课　薄利多销　生财有道——市场营销 …………………………………… 1

第二课　精打细算　开源节流——公司财务、利润 …………………………… 16

第三课　酒香不怕巷子深吗？——广告宣传 …………………………………… 32

第四课　知己知彼　百战不殆——会展 ………………………………………… 46

第五课　买卖不成仁义在——贸易谈判 ………………………………………… 61

第六课　互惠互利——签约 ……………………………………………………… 75

第七课　诚信为本　和气生财——客户服务 …………………………………… 91

第八课　不要把鸡蛋放在一个篮子里——投资理财 …………………………… 106

"听一听"录音文本 ……………………………………………………………… 120

练习参考答案 …………………………………………………………………… 126

生词总表 ………………………………………………………………………… 135

第一课

薄利多销　生财有道
—— 市场营销

课　文

中国手机市场调查报告

一、市场现状与发展预测

随着移动通信的迅速发展,手机的消费需求也不断增加。截止到2008年12月底,中国的移动电话用户总数达到6.41亿,同比增长18.9%,成为世界第一大市场。移动用户的数量也保持快速增长的势头,平均每月以600万户左右的速度递增。

二、市场份额

中国市场共有30多个手机品牌。目前消费者使用的手机中31.2%为诺基亚,紧随其后的摩托罗拉、三星和索尼爱立信等品牌都在进行着争夺市场份额的较量,市场占有率依次为15%、9.5%、5.7%。国产品牌联想以4.3个百分点的市场占有率位居第五。

2008年上半年中国消费者手机品牌占有率统计

三、用户分析

1. 用户年龄分布

调查显示,30岁以下的用户比例持续增长,其中以

21—25岁的用户数量增长最为明显,这部分用户逐步成为一支重要的消费群;30岁以上的用户比例均有下降,总的来说,移动电话用户呈年轻化趋势,对于手机的选择也更加注重能显示自己个性的款式。

2. 购买手机考虑的因素

人们对产品的性能、品牌和实用性的关注度最高,高达77%的人认为手机性能最重要;其次是产品的品牌,为68%;61.5%的人选择了实用性。

对于厂商费尽心思在外观上做文章,人们并不看好。消费者在购买手机时对手机功能更加关注,拥有高质量拍照功能的手机具有很大的市场竞争力,像诺基亚、LG等公司所推出的各款新手机都已加入此项功能。

3. 用户购买手机的期望价位

目前绝大多数人的手机价格在1000—2000元之间。人们购买手机还是以实用为主。但是,随着通信技术的发展,也有10%的用户选择了3000元以上的产品。

四、手机技术发展趋势

从简单通话到休闲娱乐、移动办公,手机功能正趋于多样化。手机不仅是打电话和接收信息,而且已在娱乐、图像传输、上网和游戏等方面成为电脑、电视、电话等多功能的统一体。手机在未来将具备电脑的所有功能,与互联网更紧密地结合,向智能化的方向发展。

词语

1. 薄利多销	bólìduōxiāo			small profits but quick turnover
2. 通信	tōngxìn	(动)		correspond; communicate
3. 截止	jiézhǐ	(动)		end; close; cut off
4. 总数	zǒngshù	(名)		total; sum total
5. 数量	shùliàng	(名)		quantity
6. 势头	shìtóu	(名)		tendency
7. 递增	dìzēng	(动)		progressive increase
8. 市场份额	shìchǎng fèn'é			market share
9. 市场占有率	shìchǎng zhànyǒulǜ			market share
10. 分布	fēnbù	(动)		be distributed (over an area)

第一课 薄利多销 生财有道

11. 逐步	zhúbù	（副）	step by step; progressively; by degrees
12. 个性	gèxìng	（名）	individual character; individuality
13. 实用	shíyòng	（形）	practicable
14. 期望	qīwàng	（动）	hope; expect
15. 娱乐	yúlè	（名、动）	fun; joy; entertainment; amusement
16. 趋于	qūyú		tend towards
17. 接收	jiēshōu	（动）	receive
18. 信息	xìnxī	（名）	information; message
19. 图像	túxiàng	（名）	picture; image
20. 传输	chuánshū	（动）	transmit
21. 上网	shàng wǎng	（动）	get online
22. 智能	zhìnéng	（名）	intelligent; having intelligence

 句型

1. 平均每月以600万户左右的速度递增。
    介词"以"表示按照。"以……的速度递增"意思是"按照……的速度一次比一次增加"。

   > 例：(1) 全国饮料产品将以年均10%的速度递增。
   > (2) 房屋的价值是以5%的速度每年递减的。
   > (3) 据报道,软件盗版(pirate)率以每年2%的速度递减。
   > (4) 据统计,中国国企的数目正以每年4000户的速度递减。

   练习：用括号中的词语完成对话：
   A：近几年在中国,私家车的数量多不多？
   B：＿＿＿＿＿＿＿＿＿＿＿＿。（以……速度）

2. 厂商费尽心思在外观上做文章。
    "在……上做文章"比喻抓住一件事发表议论或者在这件事上想办法、打主意。

   > 例：(1) 保险公司要花大力气在服务质量上做文章。
   > (2) 公司应在节约能源上做文章以降低生产成本。
   > (3) 政府要稳定房价,必须在供需关系上做文章。
   > (4) 日益激烈的竞争使很多酒商在品牌名称和商标上大做文章。

练习：用括号中的词语完成对话：

A：现在数码相机的功能都差不多，很多人买相机时都只看屏幕是不是够大够清楚。

B：_____。（在……上做文章）

3. 从简单通话到休闲娱乐、移动办公，手机功能正趋于多样化。

"趋于"意思是朝某个方向发展。

> 例：(1) 目前房地产价格正在趋于合理。
> (2) 半年来政府基本控制了通货膨胀（inflation），物价趋于稳定。
> (3) 会谈过程中，对方的态度不断趋于强硬。
> (4) 在全体员工的努力下，公司的业绩正趋于好转。

练习：用括号中的词语完成对话：

A：现在汽车市场的竞争是不是更激烈了？

B：_____。（趋于）

 ☆练习☆

一、理解"增"和"势"两个字的意思，联想组词，可以查词典：

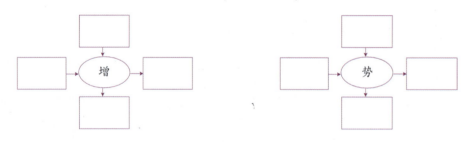

二、从课文中找出与下面词义对应的词语：

1. 比去年同期 —— 同比
2. 一次比一次增加 ——
3. 很快的速度 ——
4. 总的数量 ——

5. 变得越来越年轻 ——
6. 关心注意的程度 ——
7. 传播输送 ——
8. 紧紧跟在它的后面 ——

三、把互相可以搭配的词语连线：

到达　　　　　　紧张
达到　　　　　　目的地
保持　　　　　　市场份额
争夺　　　　　　新款产品
推出　　　　　　增长势头
趋于　　　　　　图像
进行　　　　　　很高的程度
传输　　　　　　较量

第一课　薄利多销　生财有道

四、选词填空：

| 趋于 | 期望 | 势头 | 百分点 | 依次 |
| 分布 | 看好 | 市场份额 | 市场占有率 | 比例 |

1. 家长总是希望孩子学习最好，但往往（　　）越高，失望就越大。
2. 中国人民银行决定自3月18日起人民币存贷款利率上调0.27个（　　）。
3. 新闻媒体的传播方式正在（　　）多样化。
4. 从北京到上海的火车（　　）经过天津、济南、南京、苏州等城市。
5. 这次比赛我（　　）北京队，我觉得以他们的实力一定能赢。
6. 中国的造船产量占世界1/5的（　　）。
7. 今年以来，房地产的价格又出现了加快上涨的（　　）。
8. 据调查，截止到2004年，中国出生婴儿男女性别（　　）为100∶117。
9. 我们产品的客户主要（　　）在北方的一些大中城市。
10. 我们的对手不断以价格优势提高他们的（　　）。

五、参考括号里的词语完成对话：

1. A：你认为中国国产手机未来的发展怎么样？
   B：_____。（随着　趋势）
2. A：请你预测一下中国人的收入会有什么样的变化趋势？
   B：_____。（以……速度递增/减）
3. A：你觉得未来10年来华的外国留学生会越来越多吗？
   B：_____。（呈……趋势）
4. A：你认为中国通信公司的竞争会更激烈还是会缓和？
   B：_____。（趋于）
5. A：你觉得我们的新手机怎样才能受到年轻消费者的欢迎呢？
   B：_____。（在……上做文章）

听一听　（录音文本见本书第120页）

词语

1. 报告　　bàogào　　（动、名）　　report; speech; lecture
2. 人均　　rénjūn　　（动）　　average per capita
3. 大型　　dàxíng　　（形）　　large-scale; large
4. 发放　　fāfàng　　（动）　　provide; grant

5

5. 调查问卷	diàochá wènjuàn		questionnaire
6. 营养	yíngyǎng	(名)	nutrition; nourishment
7. 品种	pǐnzhǒng	(名)	species
8. 厂家	chǎngjiā	(名)	factory
9. 获利	huò lì		gain profit; recapture
10. 淡季	dànjì	(名)	dull season; off season
11. 旺季	wàngjì	(名)	busy season; booming season
12. 升	shēng	(量)	litre
13. 毫升	háoshēng	(量)	milliliter
14. 渠道	qúdào	(名)	channel; canal; ditch

一、听录音,回答问题并填写表格:

1. 哪些数据显示中国果汁市场潜力巨大?
2. 根据王红的调查报告,填写下表:

西安果汁饮料市场调查报告

调查方式		
消费者购买原因		
行业现状		
企业获利关键因素		
品牌果汁淡季、旺季销售情况		
消费群	年龄	
	性别	
影响购买因素	口味	
	包装	家庭消费_____ 旅游首选_____
	价格因素所占比例	
	方便因素所占比例	
品牌选择情况		习惯多种品牌的占_____ 习惯单一品牌的占_____
购买渠道的选择情况		60%以上的人在_____购买

第一课　薄利多销　生财有道

3. 根据下面红光饮料公司现有果汁产品情况,讨论:如果要打开西安市场,该公司应该给果汁产品做什么样的定位和改进?

红光饮料公司现有主要产品为橙汁、西瓜汁儿;200毫升易拉罐装;主要销往各大酒店。

二、熟读下面的句子:

1. 大家安静一下,开会了!
2. 今天的会议我们主要讨论进一步拓展西安果汁饮料市场的问题。
3. 最近,我公司对西安市果汁饮料市场进行了一次调查。
4. 下面就先请王红介绍一下这次调查的结果。
5. 根据统计数据,我们对调查结果进行了简要的分析。

读一读

中意公司要不要现在推出新产品

中意公司的产品过去主要集中在儿童食品领域,较好的产品是甜饼干和儿童果汁。这些产品大部分已经出现颓势,盈利状况并不理想。去年初,中意公司被一家美资公司接管,5月开发出新产品So Cool。一年来,这种口味微酸、淡紫色的饮料得到了大中城市从8岁到35岁的消费者的追捧,这是中意没想到的,因为这和原来都市年轻白领的定位不同。

一开始,经销商不看好这种怪怪的、昂贵的饮料,要采用奖励政策才勉强订货。没想到几个月后,市场区域就从最初的13个重点大城市向众多中小城市扩散,甚至某些小县城也兴起了饮用So Cool的时尚。经销商赶紧要货。一个月内中意公司的产能已经跟不上了,虽然增加了一条生产线和3个加工厂,达到了年销售额10亿的规模,但面对狂飙的市场需求,产能缺口反而越来越大。

一级经销商每周的库存基本都是零。中意公司利用这个机会,要求So Cool经销商提货时,必须同时提一定比例的其他产品。一些滞销产品也因此大大提高了市场占有率。但中意公司却笑不出来,10年来,它没有一个新产品能够在一年内的销售额达到10亿元,这让中意公司非常吃力。

除了产能,运作一个全国畅销的产品带来的管理成本的增加也考验着这个管理老化、正在转型的公司,加工厂曾因管理的不到位出现了许多问题。美方对该公司的销售队伍的素质也颇有些看法。

今年3月,中意公司的竞争对手自达公司推出了口味和外形与So Cool类似的饮料,竟然叫Super Cool。很明显的模仿产品,却在自达公司的营销手法下,在中意公司的非重点供货区域站住了脚跟,发展势头良好。

最近中意公司研发部门又开发出了更高端的系列产品银色So Cool。新产品上市的准备工作已经进入尾声,投入非常大。经过试点,中意公司对它充满信心。但公司的美方大股东却对是否此时推出新产品持否定意见。他们的理由是:现在的中意公司不具备同时运作两个全国畅销产品的实力,应该暂时雪藏银色So Cool。

……

新丝路——高级速成商务汉语 II

词语

1.	领域	lǐngyù	（名）	field; sphere; domain; realm
2.	颓势	tuíshì	（名）	declining tendency
3.	盈利	yínglì	（动、名）	gain; profit; surplus
4.	接管	jiēguǎn	（动）	take over
5.	追捧	zhuīpěng	（动）	praise; support
6.	经销商	jīngxiāoshāng	（名）	distributor
7.	昂贵	ángguì	（形）	expensive; costly
8.	订货	dìng huò	（动）	order goods
9.	产能	chǎnnéng	（名）	productivity
10.	生产线	shēngchǎnxiàn	（名）	product line
11.	加工	jiā gōng	（动）	process; machining
12.	狂飙	kuángbiāo	（名）	grow fast
13.	库存	kùcún	（名）	stock; reserve
14.	提货	tí huò	（动）	pick up goods; take delivery of goods
15.	滞销	zhìxiāo	（动）	unsalable; unmarketable; sell poorly
16.	畅销	chàngxiāo	（动）	sell briskly and easily; have a ready market
17.	转型	zhuǎnxíng	（动）	reshape; transform
18.	到位	dào wèi	（动）	reach the designated position
19.	手法	shǒufǎ	（名）	means; gimmick; trick
20.	上市	shàng shì	（动）	go on the market
21.	试点	shìdiǎn	（名）	experimental unit; make experiments
22.	理由	lǐyóu	（名）	cause; reason; justification
23.	雪藏	xuěcáng	（动）	hide for the moment

第一课　薄利多销　生财有道

 句型

1. 美方对该公司的销售队伍的素质也颇<u>有些看法</u>。
   "对……有(些)看法"常常指对某人或某事不太满意。

   > 例：(1) 你要是对我有什么看法，就直接说吧。
   > (2) 大家虽然都对张经理的工作方式有看法，但谁也不敢说。
   > (3) 总经理，我对公司目前的人事管理有些看法，想找您谈谈。
   > (4) 一些老职工对那两个新招来的员工很有看法，觉得他们工作态度不认真。

   练习：用括号中的词语完成对话：
   　　A：今天的会议不是通知刘经理了吗？他怎么没来参加？
   　　B：_____。(对……有些看法)

2. 新产品上市的工作已经<u>进入尾声</u>。
   "尾声"本来指乐曲的最后一部分，指事情快要结束的阶段。

   > 例：(1) 大会已经接近尾声了。
   > (2) 谈判(negotiate; talk)已经进入尾声了，顺利的话，明天就可以签合同了。
   > (3) 没想到在工程已进入尾声时出现了问题。
   > (4) 奥运会接近尾声时，中国又获得了一块金牌。

   练习：用括号中的词语完成对话：
   　　A：关于假期促销(sales promotion)活动，你们准备得怎么样了？
   　　B：_____。(进入尾声)

 ☆练习☆

一、根据短文内容选择正确答案：

1. 中意公司生产的儿童果汁等食品的销售情况怎么样？
   A. 非常畅销　　　　　　B. 越来越差
   C. 逐渐好转　　　　　　D. 一直不好

2. 关于淡紫色的 So Cool 饮料，正确的是：
   A. 消费者主要是都市白领　　B. 主要市场在大中城市
   C. 售价比较高　　　　　　　D. 购买者有奖励

3. 关于淡紫色的 So Cool 饮料的生产和销售，正确的是：
   A. 供不应求　　　　　　B. 供大于求
   C. 经销商销售吃力　　　D. 只有一条生产线

9

4. 中意公司的管理怎么样？
   A. 经验丰富　　　　　　　　B. 素质较高
   C. 能力不足　　　　　　　　D. 得到了美方肯定
5. Super Cool：
   A. 是中意公司的新产品　　　B. 是自达公司仿制 So Cool 的产品
   C. 抢占了 So Cool 的主要市场　D. 销售量不断增加
6. 银色 So Cool：
   A. 已大规模投放市场　　　　B. 上市的准备工作不充分
   C. 研发工作即将结束　　　　D. 美方股东不同意销售

二、选词填空：

| 领域 | 区域 | 转型 | 运作 | 缺口 |
| 库存 | 考验 | 接管 | 滞销 | 试点 |

1. 最近市场不景气，再加上产品运输问题，所以（　　）量很大。
2. 这种促销方式不知道效果怎么样，我建议先选两三家商场作为（　　）吧。
3. 我公司最近研发的这项技术在计算机（　　）处于领先水平。
4. 这个项目一共需要100万资金，现在只有60万，还有40万的（　　）。
5. 从国有企业到股份制企业再发展为上市公司，中意公司在5年内成功（　　）。
6. A公司并购了B公司，所以从下个月开始A公司将（　　）B公司的工厂。
7. 前一阶段公司遇到了一些困难，在员工的共同努力下，公司经受住了（　　）。
8. 因为没有找准市场定位，这款产品严重（　　）。
9. 本公司在全国主要实行（　　）管理，设有华东分区和西南分区两大分部。
10. 这部电影虽然质量不高，但电影公司通过广告、开新闻发布会等方式成功（　　），票房(box office earnings)还不错。

三、参考括号里的词语完成对话：

1. A：张总经理为什么把销售部的王经理调到客户服务部去了？
   B：_____。（对……有看法　到位）
2. A：你知道中国的那家国有企业的情况怎么样？
   B：_____。（赢利　转型　接管）
3. A：最近我们推出的新产品市场销售情况怎么样？
   B：_____。（运作　试点　站稳脚跟　追捧）
4. A：和W公司的合作项目谈得怎么样了？
   B：_____。（进入尾声　投入）
5. A：董事长对我们这次的促销活动怎么看？
   B：_____。（持……意见/态度　看好　信心）

第一课　薄利多销　生财有道

说一说

一、根据"读一读"中的短文内容，分 A、B 两组进行辩论，要充分说明理由：
　　A 组观点：中意公司应该停止银色 So Cool 的上市销售。
　　B 组观点：中意公司应该马上推出银色 So Cool，占领市场。

二、根据下面提供的信息描述并评价肯德基在中国的营销案例：
　　☆ 1987 年在北京前门开了第一家连锁店。
　　☆ 2007 年 10 月，在近 80 个城市和地区开设了 1500 家店，选址成功率几乎是百分之百。
　　☆ 肯德基以家庭成员为主要目标消费者。
　　☆ 店内专门辟有儿童就餐区。
　　☆ 在各种广告宣传里也不断强化其"烹鸡专家"这一卖点。
　　☆ 推出新菜品，如"芙蓉鲜蔬汤"……

写一写

下面是某电脑公司所做的有关迅驰技术笔记本电脑的市场调查情况，请根据调查问题和图表简要说明调查结果，尽量做一些简单的分析。

　　例如，对第一个问题的调查结果可以做这样的描述和分析：在对第一个问题的调查中，89%的被调查者回答有意购买迅驰技术笔记本，11%的人表示否定。这说明绝大多数的人愿意购买这种电脑，市场潜力很大。

有关迅驰技术的笔记本电脑的市场调查问卷及调查结果图示

1. 您有意购买使用迅驰技术的笔记本吗？

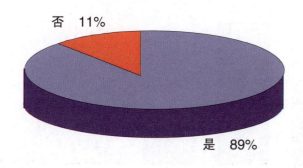

2. 您会选择哪个品牌的迅驰笔记本？

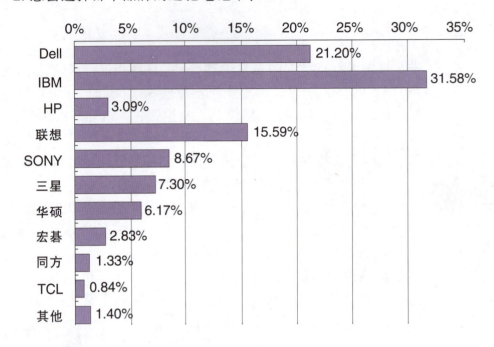

3. 您打算什么时候购买？

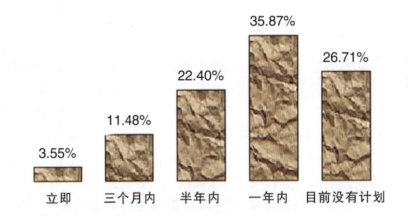

4. 您会从哪种渠道购买？

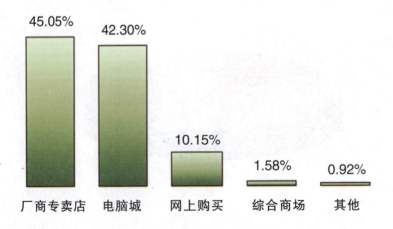

第一课　薄利多销　生财有道

5. 您能承受的迅驰笔记本价格是多少？

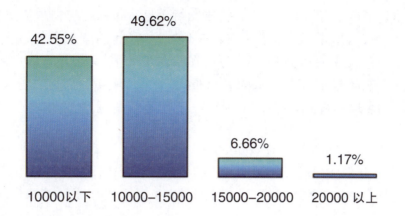

6. 迅驰技术可以说是笔记本电脑四大要素（电池续航时间、无线上网、性能和超轻薄设计）的完美集合，而在这四大要素中，您觉得迅驰笔记本最吸引您的特点是什么？

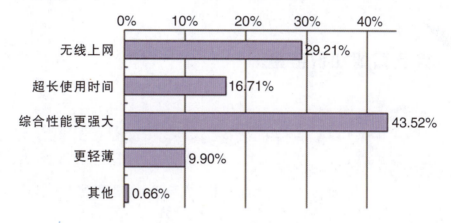

7. 您认为最影响您购买迅驰笔记本的因素是什么？

综合运用

一、你了解下面这些常见的商业促销方式吗？讨论这些促销方式各有什么利弊。

A 折扣（商品特卖、让利酬宾、拆迁甩卖）　　B 买一赠一
C 返券、返现　　D 积分　　E 购物抽奖　　F 会员俱乐部

二、看看下面的新闻，分组讨论：

> 去年12月，北京燕莎奥特莱斯(outlets)购物中心开业；今年上海、南京也出现了此类折扣店；前不久，一家商品全部六折以下的"名品折扣店"在天津南市亮相；而6月，在哈尔滨市发展大厦的负一层至四层，一家面积超过1万平方米的名品折扣店——奥威斯商业广场也诞生了。一时间，名牌折扣店几乎在全国形成了开业的高潮。

1. 什么叫奥特莱斯(outlets)？
2. 从以下几个方面谈一谈这种商业形式有什么优点和缺点？

  品牌形象 销售量 利润 消费者 经销商 厂家

三、几个人一组，选择一个在中国市场销售的食品、服装或者电器产品等，通过网络、商场实地调查等方式讨论制作一份该产品的营销策划书，具体内容请参考本课"商务背景知识链接"中第一部分"写市场营销策划书的主要内容"。

商务背景知识链接

一、写市场营销策划书的主要内容

1. 目前营销状况
   (1) 市场状况：市场价格、市场规模、消费群体、需求状况、利润空间等
   (2) 产品状况：品种、特点、价格、包装等
   (3) 竞争状况：主要竞争对手与基本情况
   (4) 分销状况：销售渠道等

2. 综合分析
   (1) 销售、经济、技术、管理、政策等方面的优势和劣势
   (2) 机率：市场机率与把握情况
   (3) 威胁：市场竞争上的最大威胁力与风险因素

3. 目标
   (1) 定位：销售对象
     定价：产品销售成本的构成及销售价格制订的依据等
     分销：分销渠道(包括代理渠道等)
     销售队伍：组建与激励机制等情况
     服务：售后客户服务
     广告：宣传广告形式
     促销：促销方式
   (2) 公司未来3年或5年的销售收入预测、市场份额和利润

第一课 薄利多销 生财有道

4. 行动方案

(1) 营销活动(时间)安排

(2) 风险控制：风险来源与控制方法

二、中国市场研究网：http://www.cmrn.com.cn/

第二课

精打细算　开源节流
—— 公司财务、利润

课　文

货运公司财务报告

货运公司近日公布今年首份中期财务报告，第一、二季度营业额基本与去年同期持平，实现营业总额450万美元，为年计划的57.13%，略高于预期水平。但受运价下跌和燃油成本上涨双重影响，公司毛利润率从去年同期的47.7%大幅度下降到28.52%，公司规模扩张带来的业

绩不足以弥补毛利下降损失，导致公司净利润同比下降35.43%。目前燃油成本占到公司运输成本的46.9%，再加上人工成本、经营费用等，公司面临巨大的成本压力，这成为公司利润下滑的重要因素。展望下半年，受国际原油价格大幅上涨影响，公司盈利仍不乐观，经营有可能出现低迷状态。

公司自去年底购入一艘4万吨二手货轮之后，今年上下半年各有一艘2万吨货轮投入使用，总运力将达到62万载重吨，同比增长

第二课　精打细算　开源节流

32%。但由于能源价格持续上涨,以及新资产运营时间较短,对公司盈利作用有限。

去年公司投资宁波高速公路项目,总投资43亿元,目前项目进展顺利,上半年完成投资额的50%,工程预计年底通车,未来将成为公司重要的利润增长点,但短期不会盈利。

词语

1. 精打细算	jīngdǎxìsuàn		careful calculation and strict budgeting
2. 开源节流	kāiyuánjiéliú		broaden the sources of income and reduce expenditure
3. 货运	huòyùn	(名)	freight transport
4. 季度	jìdù	(名)	quarter
5. 持平	chípíng	(动)	keep balance
6. 运价	yùnjià	(名)	rate
7. 下跌	xiàdiē	(动)	depreciate
8. 燃油	rányóu	(名)	fuel
9. 双重	shuāngchóng	(形)	double; dual
10. 毛利润	máolìrùn	(名)	gross profit
11. 同期	tóngqī	(名)	the corresponding period
12. 幅度	fúdù	(名)	range; scope; extent
13. 扩张	kuòzhāng	(动)	expand; extend; enlarge; dilate
14. 弥补	míbǔ	(动)	compensate; recompense
15. 损失	sǔnshī	(动、名)	lose; loss
16. 净利润	jìnglìrùn	(名)	net profit
17. 运输	yùnshū	(动)	transport; carriage; conveyance
18. 人工成本	réngōng chéngběn		labour cost
19. 费用	fèiyòng	(名)	cost; expense
20. 压力	yālì	(名)	pressure
21. 下滑	xiàhuá	(动)	decline; move down ward
22. 展望	zhǎnwàng	(动)	look into the future
23. 原油	yuányóu	(名)	crude oil; raw oil
24. 状态	zhuàngtài	(名)	state; condition; state of affairs

25. 货轮	huòlún	（名）	cargo steamer; cargo boat
26. 载重	zàizhòng	（动）	load
27. 能源	néngyuán	（名）	energy sources
28. 增长点	zēngzhǎngdiǎn	（名）	growth point

句型

1. 第一、二季度营业额基本与去年同期持平。
   "A与B持平"表示A和B的数量基本保持相同。

   > 例：(1) 今年高考的报名人数与上年持平。
   > (2) 本公司07年业绩同比持平。
   > (3) 手机用户量今年将突破2亿，与固定电话用户量持平。
   > (4) 去年德国汽车总产量519万辆，其中7%销往中国，销量与美国持平。

   练习：用括号中的词语完成对话：
   A：今年上半年的物价水平和去年同期相比有什么变化？
   B：＿＿＿＿＿＿＿＿＿＿＿＿。（与……持平）

2. 略高于预期水平。
   "于"常用在一些单音节形容词后面表示比较。

   > 例：(1) 互联网工程师年薪略高于其他行业平均水平。
   > (2) 政府要求公共建筑内夏天空调温度不低于26℃。
   > (3) 商品价格快速下跌的原因是供大于求。
   > (4) 今年新招聘来的员工业务能力略强于以往。

   练习：用括号中的词语完成对话：
   A：公司今年的盈利状况和去年相比怎么样？
   B：＿＿＿＿＿＿＿＿＿＿＿＿＿＿＿＿。（……于）

3. 公司规模扩张带来的业绩不足以弥补毛利下降损失。
   "不足以"表示不够。

   > 例：(1) 这场小雨不足以扑灭森林大火。
   > (2) 他每月的工资不足以还银行贷款。
   > (3) 他认为食品涨价不足以引发通货膨胀。
   > (4) 300万套房子的供应量不足以影响北京的房价。

第二课　精打细算　开源节流

练习：用括号中的词语完成对话：
　　A：那家公司倒闭（bankrupt）后，有没有足够的资产偿还（repay）债务（debt）？
　　B：_____。（不足以）

4. 导致公司净利润同比下降35.43%。
　　"A 导致 B"的意思是因为 A，引起了 B 这一不好的结果。

> 例：(1) 大量的运动可能导致失眠。
> 　　(2) 这次爆炸（blast）事件导致5人死亡。
> 　　(3) 有研究认为，气候变暖将导致人类健康恶化。
> 　　(4) 由于公司经营不善导致股东投资损失很大。

练习：用括号中的词语完成对话：
　　A：我的电脑怎么老死机呢？
　　B：_____。（导致）

 ☆练习☆

一、理解"财"和"本"两个字的意思，联想组词，可以查词典：

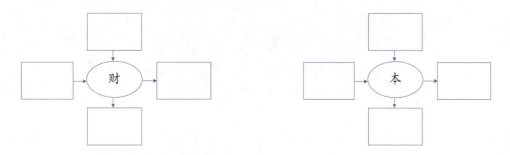

二、把互相可以搭配的词语连线：

公布	营业总额
实现	公司规模
扩张	二手货轮
弥补	财务报告
成为	经济损失
投入	新的利润增长点
购入	运营

三、根据课文内容回答问题：
1. 航运公司去年上半年的经营状况怎么样？
2. 航运公司的成本包括哪些方面？
3. 公司上半年毛利润率和净利润率同比各下降了多少？利润率下降的原因是什么？

19

4. 公司购买新船以及投资高速路项目将对公司的业绩和利润有什么影响？为什么？

5. 下半年的经营情况会怎么样？

四、选择合适的词语填空：

1. 扩张　扩大

(1) 据说,中国东部和西部的收入差距在不断(　　)。

(2) 前几年由于房价不断上涨,很多房屋中介公司过度(　　),门店数快速增加。

(3) 考试的范围从原来的前五课(　　)到前八课。

(4) 我们反对一个国家向别的国家(　　)领土。

2. 弥补　赔偿

(1) 他虽然不够聪明,但他会用加倍的努力来(　　)自己的不足。

(2) 洗衣店把我的衣服弄坏了,他们同意(　　)给我一件新衣服。

(3) 由于运输方式不当造成了我公司的货物损失,货运公司虽然(　　)了我们100万元,但仍然不足以(　　)我们的损失。

(4) 这次去上海出差太忙,没时间和你好好儿聊聊,下次去再(　　)这次的遗憾吧。

3. 展望　期望

(1) 六成大学毕业生(　　)工作后月薪可以达到4000元。

(2) 父母对孩子的(　　)越高,可能失望就越大。

(3) (　　)北京的发展前景,我好像看到了一个到处是绿树的现代化大都市。

(4) 在会议上,张总经理回顾总结了过去一年的工作,并且从技术发展角度(　　)了公司未来的发展方向。

五、参考括号里的词语完成对话：

A：今年公司的冰激凌产品销售情况怎么样？

B：＿＿＿＿＿＿＿＿＿＿＿＿。（营业额　持平）

A：冰激凌产品的盈利情况呢？

B：＿＿＿＿＿＿＿＿＿＿＿＿。（利润　下滑　略低于）

A：为什么会出现这种情况呢？

B：＿＿＿＿＿＿＿＿＿＿＿＿。（受……的影响　导致）

A：如果我们把每个冰激凌的价格提高一毛钱,结果会怎么样呢？

B：＿＿＿＿＿＿＿＿＿＿＿＿。（有限　不足以）

A：据你预测,明年的情况会不会好转呢？

B：＿＿＿＿＿＿＿＿＿＿＿＿。（面临　乐观　利润增长点）

第二课　精打细算　开源节流

听一听　（录音文本见本书第120页）

词语

1. 赚钱	zhuàn qián	（动）	make money; lucrative
2. 绝招	juézhāo	（名）	unique skill
3. 忠告	zhōnggào	（名、动）	admonish
4. 收入	shōurù	（名）	income; earning
5. 削减	xuējiǎn	（动）	cut down
6. 预算	yùsuàn	（名）	budget; costing
7. 竞争对手	jìngzhēng duìshǒu		rival firm
8. 意识	yìshi	（名、动）	consciousness; realize
9. 采购	cǎigòu	（动）	purchase; acquisition
10. 毛利	máolì	（名）	gross profit
11. 房租	fángzū	（名）	rent (for a house, flat, etc.)
12. 税前	shuìqián		before-tax
13. 供应商	gōngyìngshāng	（名）	supplier
14. 折扣	zhékòu	（名）	discount; rebate; allowance
15. 优胜劣汰	yōushènglièitài		superiority wins, inferiority loses
16. 外包	wàibāo	（动）	external contract

一、听录音,完成下面的记录:

讲座主题：企业赚取利润的方法

1. 提升销售收入,要有赚钱的意识,关注每天的_____和实际收入,没有达到目标,必须马上找到原因。
2. 持续地降低_____和费用。
   收入-采购成本=_____；
   毛利润-费用(包括房租、水电、_____、工资等)=_____。
3. 控制采购成本的办法是：
   (1) _____；
   (2) 开发新的供应商,优胜劣汰；
   (3) _____。

二、选择合适的词语填空：

| 绝招 | 忠告 | 削减 | 预算 | 意识 |
| 货比三家 | 折扣 | 优胜劣汰 | 外包 | 税前 |

1. 有的旅行社在预订飞机票的时候可以拿到40%的（　　　），甚至更多。
2. 那位企业家给推销员的一个（　　　）就是什么事都要先有充分的准备才能去做。
3. 如果你想皮肤好，不用买很贵的化妆品，我教你一个（　　　），每天用洗米水洗脸效果特别好。
4. 投资者一定要有风险（　　　），不是投资什么都可以赚钱的。
5. 由于我公司缺少先进的技术，所以决定把这部分新业务（　　　）给A公司做。
6. 银行提高了贷款利率，使企业融资（financing）更加困难，这加速了房地产企业的（　　　）。
7. 酒店成本居高不下已经成为许多酒店利润缩小甚至亏损的主要原因，因此酒店业同行都在想办法（　　　）成本。
8. 公司给员工的奖金是（　　　）还是税后？
9. 老板让我下个星期向他报告这个工程的实施方案和费用（　　　）。
10. 她花钱非常节省，为了省钱，无论买衣服还是买电器，都（　　　）。

三、熟读下面的句子：

1. 今天的课我们先来谈谈有关成本和利润的问题。
2. 我给大家的第一个忠告就是提升收入，或者是削减成本。
3. 要把最主要的时间放在控制销售成本上。
4. 收入减去采购成本是毛利。
5. 要多找几家供应商，货比三家，拿到最低的折扣。

读一读

成本及利润驱使车价有升有降

新年伊始，又有一批汽车厂家宣布降价，但与此同时，却有几款国产轿车逆市而行，提高了售价。降价是由于汽车成本降低，或者是为了消化库存，或者是为了保持或增加市场份额所采取的一种营销手段。但是为什么涨价呢？恐怕也是汽车厂家为了保证合理的利润而不得不采取的措施。

一辆汽车的销售价格是由四方面组成的，一是成本；二是税费；三是厂家的利润；四是经销商的利润。

去年汽车原材料成本居高不下，光是钢材价格就涨了一倍左右。再加上美元疲软，从欧洲和日本进口的汽车零部件也增加了成本。汽车厂家交给国家的17%

第二课　精打细算　开源节流

增值税和3%至8%不等的消费税,是一分钱也少不了的。按说汽车价格应该上涨而不是下降。但是,由于汽车行业国内需求增幅低于产能增幅,特别是轿车行业供大于求,许多厂家为了扩大市场份额纷纷降价,造成整个汽车行业利润水平大幅下降,虽然不至于到全行业亏损的边缘,但确实有部分汽车企业日子很不好过。

一个汽车整车厂家,大约60%的零部件是从外部采购的,或是从国外进口的。近年来,为了降低成本,从国内采购的比例在不断扩大。但国内汽车零部件企业存在着数量多、规模小、投资力度小等诸多问题,而且许多零部件企业仅仅给一两个厂家或车型供货,达不到规模生产的地步,因此难以大幅度降低成本。这些因素都制约了国产汽车成本的降低。

从汽车税费来看,尽管在去年不断有人呼吁取消汽车消费税,理由是目前汽车消费不属于高消费,继续征收限制消费的消费税没有道理。但这一意见并未被采纳。

从车价构成的第三个和第四个方面来看,企业总归要赚钱才能生存下去,暴利显然要制止,但没有利润或者亏损也不行,只有保持合理的利润水平才可以持续发展。价格战打到汽车厂家无钱可赚,最后不得不关门的地步,对消费者也不是什么好事情。

目前国内销售的轿车90%是合资企业生产的。考虑到钢材进口、零部件采购成本、税负水平、运营成本等多种因素,合资企业在中国制造一辆汽车的成本比国际水平高出20%至30%。而要在近期内缩小这一差距难度很大。因此,国内车价与国际接轨也有一个过程。

在部分国内车价尚高于国际车价的情况下,随着规模的扩大、成本的降低,汽车降价成为一种常态。但是,一些车价已经与国际基本接轨的车型,可能受原材料涨价、成本上升等因素影响提高售价,这也是一种正常的情况。中国汽车消费者,近几年听惯了降价声,恐怕以后也要时不时听到涨价的声音。至于何时买车,买涨还是买落,则是仁者见仁,智者见智。

词语

1.	国产	guóchǎn	(形)	made in our country
2.	售价	shòujià	(名)	offering price; selling price
3.	涨价	zhǎng jià	(动)	rise in price
4.	税费	shuìfèi	(名)	tax
5.	居高不下	jūgāobúxià		remains a huge number
6.	钢材	gāngcái	(名)	steel products
7.	疲软	píruǎn	(形)	sluggish; weak
8.	零部件	língbùjiàn	(名)	spare parts; accessory; part; odds and ends

9. 增值税	zēngzhíshuì	（名）	value-added tax（VAT）
10. 消费税	xiāofèishuì	（名）	consumer tax; consumption duty
11. 供大于求	gōngdàyúqiú		supply exceeds demand; oversupply
12. 亏损	kuīsǔn	（动）	deficit
13. 边缘	biānyuán	（名）	edge; fringe; verge; marginal; borderline
14. 进口	jìnkǒu	（动）	import
15. 力度	lìdù	（名）	strength; dynamics
16. 制约	zhìyuē	（动）	condition; restrict; govern
17. 呼吁	hūyù	（动）	appeal; call on; urge
18. 取消	qǔxiāo	（动）	cancel; reject; call off; do away with
19. 高消费	gāoxiāofèi		high consumption
20. 征收	zhēngshōu	（动）	levy
21. 采纳	cǎinà	（动）	accept; adopt
22. 暴利	bàolì	（名）	staggering profits
23. 接轨	jiēguǐ	（动）	connection of tracks
24. 仁者见仁，智者见智	rénzhějiànrén, zhìzhějiànzhì		the benevolent see benevolence and the wise see wisdom

句型

1. 按说汽车价格应该上涨而不是下降。
   "按说"是口语词,意思是"按理"、"按道理说"。

   > 例：(1) 按说10月份是不应该下雪的。
   > (2) 按说这件事应该报请总经理签字批准,可他出差了,事情又很急,就先办了吧。
   > (3) 按说商品降价后销量应该会增加,可是打折促销一个月了,销量反而减少了。
   > (4) 最近油价上涨造成企业成本增加,按说企业应该涨价的,可是涨价的企业很少。

第二课 精打细算 开源节流

练习：用括号中的词语完成对话：
A：最近市场出现了很多同类新产品，这款产品是不是卖不动了？
B：_____。（按说）

2. 不至于到全行业亏损的边缘。
"不至于"表示不可能达到某种地步。

> 例：(1) 为了这么点小事，他不至于生这么大气吧。
> (2) 你说这次投资没有一点儿回报吗？我觉得还不至于吧。
> (3) 虽然那部电影不太好看，但也不至于像你说的那么差吧。
> (4) 虽然这次货物出现了一些问题，但双方可以协商解决，不至于打官司吧。

练习：用括号中的词语完成对话：
A：分店开业两个多月了，一辆车也没卖出去，再这样下去，就得关门儿了。
B：_____。（不至于）

3. 企业总归要赚钱才能生存下去。
"总归"用在动词前，表示动作、行为或情况无论怎样一定如此，是不会因为任何情况而改变的。

> 例：(1) 二手车总归是别人用过的，不如买新车让人放心。
> (2) 事实总归是事实，谁也不能否认。
> (3) 他虽然很聪明，可总归是个几岁的孩子，大人的事情是不可能完全理解的。
> (4) 欠银行的钱总归是要还的，推延时间的话只会使利息更高，所以我觉得有能力还贷的话还是尽快还了吧。

练习：用括号中的词语完成对话：
A：我觉得企业不用太大，维持现在的规模就挺好的了，你说呢？
B：_____。（总归）

☆练习☆

一、根据文章内容选择正确答案：
1. 今年一些国产轿车涨价的原因是什么？
   A. 减少库存　　　　　B. 提高利润
   C. 增加市场份额　　　D. 与其他汽车厂家竞争
2. 成本提高了，为什么汽车企业不涨价？
   A. 美元疲软　　　　　B. 税费很高
   C. 市场供大于求　　　D. 产能不足

3. 目前汽车行业的情况怎么样？
   A. 价格竞争激烈　　　　B. 利润比较高
   C. 全行业出现亏损　　　D. 将降低消费税
4. 关于国内汽车零部件企业，正确的是：
   A. 资本较雄厚　　　　　B. 可大幅降低成本
   C. 产量比较少　　　　　D. 产品多从外国进口
5. 关于国内轿车的价格，正确的是：
   A. 比国外高20%多　　　 B. 大部分已与国际一致
   C. 很快将与国际一致　　D. 与国外差距进一步拉大

二、简单解释下面句子特别是加点部分的意思：
   1. 有几款国产轿车逆市而行，提高了售价。
   2. 降价是为了消化库存。
   3. 去年汽车原材料成本居高不下。
   4. 汽车行业国内需求增幅低于产能增幅，特别是轿车行业供大于求。
   5. 许多零部件企业达不到规模生产的地步。
   6. 国内车价与国际接轨也有一个过程。
   7. 汽车降价成为一种常态。
   8. 何时买车，买涨还是买落，则是仁者见仁，智者见智。

三、在下面的句子中填写合适的动词：
   1. 公司决定下个季度开展促销活动，以（　　）市场份额。
   2. 现在市场竞争很激烈，所以我公司必须（　　）新的营销手段来吸引消费者。
   3. 商品的价格一般是由成本和利润（　　）的。
   4. 由于国内零部件价格低廉，为了（　　）成本，汽车厂家从国内采购零部件的比例由过去的40%（　　）到60%。
   5. 零部件成本和税费等因素（　　）了国产汽车成本的降低。
   6. 消费者在会上（　　）厂家降低价格，但厂家并没有（　　）消费者的意见。
   7. 国家对汽车等高消费行为（　　）消费税。
   8. 要降低成本，占领市场，必须（　　）生产规模。

四、参考括号里的词语完成对话：
   A：前几年，中国国产汽车不断降价，越来越多的中国人有了私家车，可最近我发现越降价，市场越低迷，这是怎么回事呢？
   B：＿＿＿＿＿＿＿＿＿＿＿＿＿＿＿＿＿。（供大于求　买涨不买落）
   A：你说现在中国国产汽车的价格比国外高还是低呢？
   B：＿＿＿＿＿＿＿＿＿＿＿＿＿＿＿＿＿。（差距　接轨）
   A：那中国国产汽车价格为什么这么高呢？
   B：＿＿＿＿＿＿＿＿＿＿＿＿＿＿＿＿＿。（成本　税费　零部件）

第二课　精打细算　开源节流

A：你认为现在国产汽车厂商的利润怎么样？
B：_____。（合理　亏损）
A：在这种情况下,汽车企业应该怎么办呢？
B：_____。（可持续发展　价格战）

说一说

一、阅读下面元达公司的产品成本分析表,根据提示说一段话,内容包括：
  1. 比较今年和去年的产品成本情况。
  2. 分析成本升降原因。

元达公司产品成本分析表

项目		单位	今年1-6月实际	上年同期实际	同比
商品产值		万美元	53.74	46.46	+7.28
全部产品总成本		万美元	45.19	38.5	+6.69
百元产值成本		美元	84.09	82.58	+1.51
其中	原材料	美元	32.98	24.85	+8.13
	工资	美元	11.79	14.11	-2.32
	费用	美元	39.32	43.92	-4.6

提示：
  (1) 公司今年是否增产了？
  (2) 全部产品总成本是上升了还是下降了？
  (3) 百元产值成本包括哪几方面的成本？它们是升还是降？
  (4) 为什么工资和费用都下降了,百元产值成本还会上升？

二、你是公司采购部赵经理,10月24日公司派你出差与客户洽谈订购一批电脑耗材。你完成了任务回公司后到财务部报销出差费用。请参考后面的费用报销单,完成下面你和财务部会计的对话：

赵经理：刘会计,忙着呢！
刘会计：是赵经理呀,有什么事吗？
赵经理：_____。
刘会计：你要报销哪些费用？费用报销单填好了吗？周总经理是不是签字同意了？
赵经理：_____。
刘会计：发票带来了吗？你得在每张发票的背面还要签上你自己的名字。

赵经理：_____。
刘会计：你出差前是不是预支了一些钱款？预支了多少钱？支出凭单带了吗？
赵经理：_____。
刘会计：你把报销单和发票先放在这儿，明天上午来取款吧。

费用报销单

报销单号：060101　报销日期：2007-10-26　报销部门：采购部　报销人：赵红江　单据及附件共 15 页

票据张数	费用类型	用途	金额（元）	备注
5	交通费	出租车费、往返机票	1236.00	为与客户建立良好业务关系赠送精品文具两件
6	餐费	本人餐费及请客户吃饭	1280.00	
1	住宿费	两天宾馆标准间费用	880.00	
1	礼品费		680.00	
1	采购费	订单预付款	8000.00	
	实际支出合计		12076.00	大写：壹万贰仟零柒拾陆圆整
	出差补贴（200元/日）		600.00	审批人：总经理　同意！周明亮
	预支金额		10000.00	
	审批金额		12676.00	
	支付金额		2676.00	会计：刘东升
				领款人签字：赵红江

附：交通、住宿、礼品及餐费发票共 13 张，订单预付款收据 1 张，支出凭单 1 张。

第二课　精打细算　开源节流

写一写

尽量使用参考词语分析下面图表，简要说明去年和今年四大网络运营商的净利润及增长率情况并提交书面分析报告。

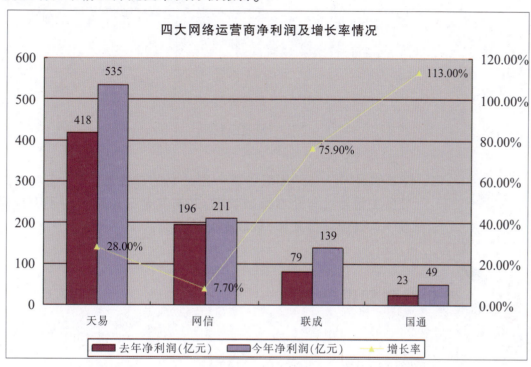

参考词语：

数据	显示	增长	实现净利润	增长率
达到	幅度	首位	其次	明显　潜力

综合运用

一、完成下表中打"？"处的数据，根据下表中的内容说明文件柜的成本和利润情况并为该公司做出明年的预算计划，内容包括预计销售量、成本控制（增加及减少的费用）和估计利润等。

表1　文件柜原料成本分析

原料名称	用量	单价	成本
优质木材	5000m³	140	70万
玻璃	1000m²	50	？

表2　文件柜成本和利润分析

销售量	400个
平均单价	3000元/个
营业额	120万
原料成本	75万
毛利润	?
人工成本	10万
制造费用	15万
税前净利	?

二、假如你是"写一写"图表中某一家公司的总经理，请你在年终总结会上，向公司员工报告上年企业赢利状况，并与其他三家竞争对手进行对比，鼓励员工下一年继续努力工作，争取更好的业绩。

商务背景知识链接

一、增值税 value added tax(VAT)

　　从计税原理上说，增值税是对商品生产、流通、劳务服务中多个环节的新增价值或商品的附加值征收的一种流转税。实行价外税，也就是由消费者负担。

　　计算公式为：应纳增值税额 = 销项税额 − 进项税额

　　比如：你公司向 a 公司购进货物 100 件，金额为 10000 元，但你公司实际上要付给对方的货款并不是 10000 元，而是 10000+10000×17%（假设增值税率为 17%）=11700 元。这 1700 元增值税对你公司来说就是"进项税"。a 公司多收了这 1700 元的增值税款并不归 a 公司所有，a 公司要把 1700 元增值税上交给国家，所以 a 公司只是代收代缴而已，并不负担这笔税款。

　　你公司把购进的 100 件货物加工成甲产品 80 件，出售给 b 公司，取得销售额 15000 元，你公司要向 b 公司收取的甲产品货款也不只是 15000 元，而是 15000+15000×17%=17550 元，因为 b 公司这时作为消费者也应该向你公司另外支付 2550 元的增值税款，这就是你公司的"销项税"。你公司收了这 2550 元增值税额也并不归你公司所有，你公司也要上交给国家的。这样，你公司上交给国家增值税款就不是向 b 公司收取的 2550 元，而是：2550−1700=850 元。

第二课　精打细算　开源节流

二、消费税 consumer tax

消费税于1994年1月1日正式开征，是在对货物普遍征收增值税的基础上，选择少数消费品再征收的一个税种，主要是为了调节产品结构，引导消费方向，保证国家财政收入。现行消费税的征收范围主要包括：烟，酒及酒精，鞭炮，焰火，化妆品，成品油，贵重首饰及珠宝玉石，高尔夫球及球具，高档手表，游艇，木制一次性筷子，实木地板，汽车轮胎，摩托车，小汽车等。共有14个档次的税率，最低3%，最高45%（2008年9月1日起排气量在1.0升（含1.0升）以下的乘用车，税率由3%下调至1%）。

消费税实行价内税，只在应税消费品的生产、委托加工和进口环节缴纳，在以后的批发、零售等环节，因为价款中已包含消费税，因此不用再缴纳消费税，税款最终由消费者承担。从价计税时，应纳税额=应税消费品销售额×适用税率。

三、中国新旧《企业所得税法》对比分析（外资企业）

2007年3月16日中华人民共和国全国人民大表大会第五次会议通过了《中华人民共和国企业所得税法》（以下简称《所得税法》），该法同时适用于内、外资企业，并规定从2008年1月1日起实施。《所得税法》第四条规定：企业所得税的税率为25%；非居民企业在中国境内未设立机构、场所的，或者虽设立机构、场所但取得的所得与其所设机构、场所没有实际联系的，应当就其来源于中国境内的所得缴纳企业所得税，适用税率为20%。

第三课

酒香不怕巷子深吗？
—— 广告宣传

课文

广告行业与企业广告投放预测

一、各类媒体基本情况

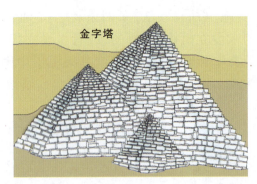
金字塔

据统计，去年全中国广告总收入达到1200亿元。从份额上来看，电视媒体和报纸媒体居多；其次为杂志媒体；然后是广播媒体；最后是互联网。

电视媒体形成了中央电视台（CCTV）、省级卫视、省级非卫视频道、城市电视台四层"金字塔"结构。央视每年对其收视率高的黄金时段广告进行招标，去年一家乳品企业最终以1亿元人民币的天价中标，取得了上半年央视电视剧特约播映权，巨额的广告投放也取得了预期的回报，该公司一年的销售额从7亿激增到15亿，给企业带来了极大的效益。

目前全国的广播人口覆盖率高达93.56%，收听率较上年上升了5个百分点，广播机构经营收入增加幅度继续保持年

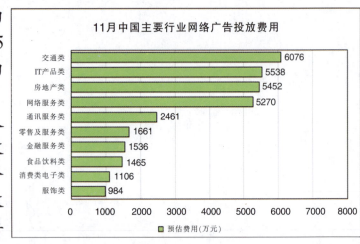

11月中国主要行业网络广告投放费用

行业	预估费用（万元）
交通类	6076
IT产品类	5538
房地产类	5452
网络服务类	5270
通讯服务类	2461
零售及服务类	1661
金融服务类	1536
食品饮料类	1465
消费类电子类	1106
服饰类	984

第三课　酒香不怕巷子深吗？

增近20%的良好态势。

新形式媒体发展势头依然强劲,受媒体关注度最高的为互联网,有数据显示,55.7%的被访者表示看好其开发潜力。第三季度新浪(Sina)的网络广告营收总计1850.7万美元,较上季度的1550万美元增长19.4%。

二、广告业的发展预测

目前,世界上排名前500位的广告主,已有4/5进入了中国市场,如:佳能(Canon)、可口可乐、柯达(Kodak)、爱立信(Ericsson)、宝洁(P&G)等。为了争夺市场份额,今后他们还会进一步加大广告投入。可以肯定的是中国的广告经营额在近几年之内会以两位数的百分比持续增长。

在各行各业的广告投放当中,医药保健品仍是最大的广告主,仅保健品一个种类的广告花费就接近90亿元,占整个市场的12.5%,另外如房地产、酒类、通信设备、护肤品、洗发/护发用品等相应成为广告公司重点关注行业。

词语

1.	广播	guǎngbō	(名)	broadcast
2.	互联网	hùliánwǎng	(名)	internet
3.	卫视	wèishì	(名)	satellite TV
4.	频道	píndào	(名)	frequency channel
5.	金字塔	jīnzìtǎ	(名)	pyramid
6.	收视率	shōushìlǜ	(名)	television rating
7.	黄金时段	huángjīn shíduàn		golden time
8.	招标	zhāo biāo	(动)	invite tender (or bid, public bidding)
9.	乳品	rǔpǐn	(名)	dairy products
10.	中标	zhòng biāo	(动)	acceptance of bid
11.	特约	tèyuē	(动)	engage by special arrangement
12.	巨额	jù'é	(形)	enormous amounts
13.	回报	huíbào	(动)	repay
14.	覆盖率	fùgàilǜ	(名)	percentage of coverage
15.	态势	tàishì	(名)	situation
16.	强劲	qiángjìn	(形)	powerful; forceful

新丝路——高级速成商务汉语 II
XINSILU GAOJI SUCHENG SHANGWU HANYU II

17. 总计	zǒngjì	（动）	amount to; total; add up to
18. 排名	pái míng	（动）	ranking
19. 百分比	bǎifēnbǐ	（名）	percentage; proportion in percentage
20. 各行各业	gèháng gèyè		all trades and professions

句型

1. 该公司一年的销售额从7亿激增到15亿。
   指示代词"该"指上文说过的人或事物，一般用在书面语中。

   > 例：(1) 公司投资的高速路项目日前开工了，该项目投资近2亿元。
   > (2) 这是位于城市西部的新经济开发区，该地交通十分便利。
   > (3) 马强被公司辞退了，公司称原因是该员工经常不上班。
   > (4) 这是我们最新研发出来的摄像软件，在使用该软件前，您必须要配备摄像头。

   练习：用括号中的词语完成对话：
   A：天龙公司今年在央视投放的广告额度是多少？
   B：＿＿＿＿＿＿＿＿＿＿＿＿。（该）

2. 仅保健品一个种类的广告花费就接近90亿元。
   副词"仅"这里表示限于某个范围，意思和"只"相同但更强调；"就"表示事情发生得早或对比起来数量大、次数多、能力强等。

   > 例：(1) 他年仅27岁就成了亿万富翁。
   > (2) 新产品上市仅三周就全卖完了。
   > (3) 她一个月仅买衣服就花了3万块钱。
   > (4) 本店仅十天就完成了一个月的销售目标。

   练习：用括号中的词语完成对话：
   A：今年我超市冰箱、空调等家用电器的销售额怎么样？
   B：＿＿＿＿＿＿＿＿＿＿＿＿。（仅……就）

☆练习☆

一、理解"传"和"标"两个字的意思，联想组词，可以查词典：

第三课　酒香不怕巷子深吗？

二、从方框中找出合适的词语改写句子：

> 卫视　　巨额　　增幅　　被访者
> 营收　　天价　　激增　　覆盖率

1. 据说2008年北京有森林的地方占总面积的比例可以达到50%。
2. 她是湖南卫星电视台的主持人。
3. 在我们这次市场调查的过程中，被访问的人有一半是大学生。
4. 他因为特别多的财产来源不明的问题受到了政府的审查。
5. 据统计，最近两年城市离婚率突然增加了很多。
6. 这个月连锁店的营业收入情况非常好。
7. 这样小小的一盒月饼居然卖到了1000块钱这么高的价钱。
8. 这家公司连续三年净利润增加的幅度超过10%。

三、把互相可以搭配的词语连线：

投放　　　　　良好态势
势头　　　　　节目收视率
保持　　　　　强劲
提高　　　　　电视广告
形成　　　　　巨大
取得　　　　　广告投入
潜力　　　　　特约播映权
加大　　　　　金字塔结构

四、参考括号里的词语完成对话：

1. A：广告媒体主要有哪些？它们各自占有多大的市场份额？
   B：_____。（居多　其次）
2. A：央视一般通过什么样的方式决定哪家企业的广告在黄金时段播出？
   B：_____。（招标　投标　中标）
3. A：企业在央视投放巨额广告值得吗？
   B：_____。（激增　回报）
4. A：你知道有哪些主要的网络媒体？新浪网的广告收入怎么样？
   B：_____。（势头强劲　该）
5. A：根据你的预测，未来中国广告媒体的发展会怎么样？
   B：_____。（投入　增长）
6. A：哪些种类的产品投放广告的数额比较多？
   B：_____。（行业　广告主）

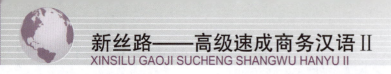

新丝路——高级速成商务汉语 II
XINSILU GAOJI SUCHENG SHANGWU HANYU II

听一听 （录音文本见本书第121页）

词语

1.	策略	cèlüè	（名）	strategy
2.	改革	gǎigé	（动）	reform; change
3.	外企	wàiqǐ	（名）	Foreign Company (Enterprise)
4.	播放	bōfàng	（动）	broadcast
5.	纪录片	jìlùpiàn	（名）	documentary film
6.	赞助	zànzhù	（动）	support
7.	条件	tiáojiàn	（名）	condition
8.	风格	fēnggé	（名）	style
9.	融合	rónghé	（动）	fusion; permeate
10.	本土化	běntǔhuà		indigenous
11.	拍摄	pāishè	（动）	shoot
12.	巨头	jùtóu	（名）	magnate
13.	配方	pèifāng	（名）	fill a prescription; directions for producing chemicals or metallurgical products
14.	色泽	sèzé	（名）	color and lustre
15.	胜出	shèngchū	（动）	victory
16.	老迈	lǎomài	（形）	aged; senile
17.	落伍	luò wǔ	（动）	straggle; drop behind the ranks; fall behind the ranks; become outdated
18.	过时	guò shí	（动、形）	outmoded; old-fashioned
19.	一系列	yíxìliè		a series of
20.	形象代言人	xíngxiàng dàiyánrén		spokesman; mouthpiece
21.	广告语	guǎnggàoyǔ		advertisement words

第三课　酒香不怕巷子深吗？

一、听录音,填空:
1. 可口可乐是中国改革开放后第一个在中国_____的外企,时间是_____年。
2. 开始,可口可乐是以_____形象出现的,凭最典型的_____风格来打动中国消费者。从1997年开始实施广告_____的营销策略,主要体现在与_____的结合上。
3. 百事可乐选择的挑战方式是在_____上实施差异化。通过广告,树立其"_____"的形象,抓住年轻人喜欢_____的心理特征,以"_____的选择"、"渴望无限"做自己的广告语,选择_____作为广告内容,还利用大部分青少年喜欢足球的特点,特意推出了_____。
4. 1997年北京饮料市场百事与可口的占有率为1:10,到1999年升至_____。

二、听录音,选择正确答案:
1. 1984年可口可乐在中国做电视广告的直接原因是:
   A. 中国已经改革开放　　B. 赞助中央电视台
   C. 英国女王访问中国　　D. BBC电视台要求
2. 现在可口可乐每年花多少钱在中国做广告?
   A. 几百万元　　　　　　B. 一千多万元
   C. 几千万元　　　　　　D. 上亿元
3. "可口可乐贺岁片"中"贺岁"的意思是:
   A. 祝贺春节　　　　　　B. 祝贺生日
   C. 合家团聚　　　　　　D. 展示民俗
4. 百事可乐与可口可乐的主要差别在于:
   A. 配方　　　　　　　　B. 质量
   C. 广告定位　　　　　　D. 历史

读一读

超市收款凭证广告

　　所谓超市收款凭证广告就是把企业产品或者服务信息发布在超市收款凭证背面的一种新型广告形式。这种广告最早起源于欧美国家,当时,一些著名企业的销售主管发现顾客购物以后经常会主动查看收款凭证并把 _1_ 保留一段时间,而大量的收款凭证的背面竟然是空白的。这些销售主管意识到这是一种值得充分利用的广告媒体, _2_ 他们把商品的促销广告印刷在超市收款凭证的背面,结果大受顾客欢迎。

　　据调查,超市消费者基本上是中等收入的本市居民,20－40岁年龄段的人占45%以上,每月到超市购物两次以上的为95%,其中表示会根据广告进行消费的占46%。因此超市购物的人群是商品消费的主力,并且受广告宣传影响很大。集中针对他们进行广告,促销效果很 _3_ 。

超市收款凭证媒体和其他媒体相比各有千秋。电视广告能迅速、大面积地树立品牌形象,但其广告支出巨大,而且电视广告过多,容易导致消费者 _4_ 。报纸广告以中等的价格和不小的发行量深受企业的青睐,但是报纸一般把同类广告排在同一版面,这会造成同类内容的广告互相干扰,大大降低了广告效果。与电视、报纸广告相比,超市凭证广告费用每张仅有2分钱,基本上是独家 _5_ 信息,并且能针对有效人群持续有效地影响消费者,广告投入的回报率很高。

词语

1.	凭证	píngzhèng	(名)	credence; voucher; scrip
2.	发布	fābù	(动)	issue; release; deliver; distribute
3.	背面	bèimiàn	(名)	the back
4.	新型	xīnxíng	(形)	new type; new pattern
5.	起源于	qǐyuányú		am of origin
6.	顾客	gùkè	(名)	customer; client; shopper
7.	购物	gòu wù	(动)	shopping
8.	空白	kòngbái	(名)	blank space
9.	促销	cùxiāo	(动)	sales promotion
10.	印刷	yìnshuā	(动)	printing
11.	主力	zhǔlì	(名)	main forces; main strength of an army
12.	各有千秋	gèyǒuqiānqiū		Each has some strong points to recommend.
13.	树立	shùlì	(动)	set up; build up
14.	支出	zhīchū	(动)	pay out; expenditure
15.	反感	fǎngǎn	(名、形)	feel unkindly to; antipathy
16.	发行	fāxíng	(动)	issue; publish; distribute
17.	青睐	qīnglài	(动)	favour; good graces
18.	版面	bǎnmiàn	(名)	layout of a printed sheet
19.	干扰	gānrǎo	(动)	interfere; disturb
20.	独家	dújiā	(名)	exclusive
21.	回报率	huíbàolǜ		rate of return

第三课　酒香不怕巷子深吗？

句型

1. 超市收款凭证媒体和其他媒体相比各有千秋。
   "相比"意思是"互相比较"。

   > 例：(1) A 产品和 B 产品相比，哪个性价比(Performance-to-Price Ratio)更高？
   > (2) 他们公司的产品哪儿能和我们的新产品相比呢？
   > (3) 这款手机和其他同类产品相比，不但功能强大，而且外观新颖。
   > (4) 和我们的竞争对手相比，我公司的优势是技术先进。

   练习：用括号中的词语完成对话：
   　　　A：百事可乐公司的广告有什么特点？
   　　　B：＿＿＿＿＿＿＿＿＿＿＿＿。（和……相比）

2. 报纸广告以中等的价格和不小的发行量深受企业的青睐。
   "深受 A 的青睐"意思是非常受 A 的喜爱。

   > 例：(1) 这张 CD 发行后，深受青少年朋友的青睐。
   > (2) 小张很有才华，进公司后深受上司的青睐。
   > (3) 我们要调查一下最受女性青睐的手机品牌是什么。
   > (4) 对年轻观众来说，哪种类型的电视节目更受青睐？

   练习：用括号中的词语完成对话：
   　　　A：你觉得网络广告怎么样？
   　　　B：＿＿＿＿＿＿＿＿＿＿＿＿。（受……青睐）

☆练习☆

一、选择合适的词语填入短文的空格中：
　1. A. 其　　　B. 之　　　C. 这　　　D. 它
　2. A. 于是　　B. 以便　　C. 为了　　D. 因此
　3. A. 大量　　B. 明显　　C. 不利　　D. 严重
　4. A. 喜爱　　B. 印象　　C. 反感　　D. 信任
　5. A. 宣传　　B. 发布　　C. 宣布　　D. 发行

二、根据短文内容判断正误：
　1. 以前顾客很少会看超市购物收款凭证。　　　　　　（　　　）
　2. 消费者建议厂家在购物收据背面印上广告。　　　　（　　　）
　3. 在超市买东西的人是广告的主要对象。　　　　　　（　　　）
　4. 报纸广告的价格最低。　　　　　　　　　　　　　（　　　）
　5. 超市收款凭证广告的针对性更强，投入少，效果好。（　　　）

三、根据短文内容回答问题并简要填写表格：

1. 什么叫超市收款凭证广告？
2. 这种广告是什么人首先开始做的？效果怎么样？
3. 为什么说在超市购物的人群是商品消费的主力？
4. 短文中谈到的下面几种广告形式有什么优缺点？

媒体形式	优点	缺点
电视		
报纸		
超市收款凭证		

四、参考括号里的词语完成对话：

A：最近我的手机里常常收到各种各样的短信广告，商家为什么要这么做呢？
B：_____。（和……相比　针对　投入）
A：可是这种广告太多的话，对于手机用户来说真是麻烦。
B：是啊，_____。（反感　效果）
A：我觉得这些短信常常发得不是时候，会影响工作和休息，应该向广告主收费。
B：_____。（意识　媒体　操作）

说一说

一、分组讨论

1. 企业都选择收视率高的电视节目投放广告，你认为高收视率一定能带来高效益吗？

2. 很多广告花费巨资选用影视或者体育明星作为产品形象代言人，如下面这幅广告画。请描述这幅广告画的内容并说明你认为这种做法值得不值得？

第三课　酒香不怕巷子深吗？

二、阅读下面两个广告创意方案，你认为哪个方案更有创意？为什么？说一说你的更好的创意。

创意主题：结实耐用的旅行箱

方案1：演示旅行箱在旅行途中如何经受各种打击。

方案2：大象先是把脚踩在箱子上，然后一屁股坐在上面。

方案3：_____

三、下面是一些知名品牌的广告词，了解一下这些品牌，比较说明这些广告词的卖点是什么？

例：上海家化生产的美加净系列护肤品是国产的老品牌，长期以来得到了很多普通消费者的认可，质量稳定。该产品的广告词是"一直靠品质说话"。这句广告词的卖点是突出该产品一直以来的优良品质……

吉利——造老百姓买得起的好车

光明——我家的乳品专家

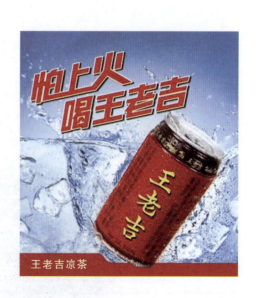

新丝路——高级速成商务汉语 II

写一写

下面两幅图是天美广告制作公司提交给你们公司的咖啡广告创意图，你作为咖啡公司的宣传部经理，给总经理写一份报告：

1. 简单描述两幅图的创意。
2. 你倾向于选择哪种方案，为什么？
3. 广告计划投放在什么地方？
4. 广告投放预算是多少？
5. 请总经理批示。

创意主题：香浓咖啡

别拦着我。

欢迎光临。

综合运用

分组商务实践活动：广告宣传方案策划

一、从下面选择一种你们要宣传的产品，给该产品(巧克力或者手表)做明确定位：

1. 品牌　　2. 价位　　3. 消费群　　4. 产品特点

第三课　酒香不怕巷子深吗？

二、根据下面的一些材料信息选择产品的宣传方式和广告投放媒体：

※

媒体类别	广告位置	价	格	备 注
		单位	国内 RMB	
机票封套	封底	页	1.5	10万张起印
登机牌	背面	张	0.8	500万张（包全车）
飞机票	背面	张	0.8元/张	50万张起印
点心餐盒	表面	个	1.8元/个	10万张起印

※ 中央电视台第5频道广告招标：

专题类栏目	首播时间	价格（万元/次）		
		5秒	15秒	30秒
《天下足球》	周一 19:30–21:25	3.5	6.6	11.8
《NBA 赛场》	（赛季时）周五 19:55–21:25	3.6	6.7	12
《足球之夜》	周四 20:00–21:25	3.5	6.6	11.8
《全明星猜想》	周四 18:55–19:50	2.8	5.2	9.4

※ 网络首屏动态 FLASH 广告：45000/月。

※ 大型超市：营业面积 5000m²；日均客流量 6 千人；人均停留 45 分钟；大幅广告 1 万元/月。

※ 2009 年中国日用品博览会展位收费：每个展位(3m×3m)每天 2000 元(含水电)。

※

《深圳晚报》最新招聘广告价目表			
单价（元） 日期 规格	周一至周五		
	黑白	套红	彩红
4×8	3060	3610	
6×8	4590	5420	

三、提交产品广告方案，内容包括：
1. 广告方式：机票、点心餐盒、CCTV5、网络、大型超市、展会或《深圳晚报》。
2. 选择该广告方式的理由：产品特点、广告效果、投放费用。
3. 描述广告创意。
4. 广告投放时段。

新丝路——高级速成商务汉语 II
XINSILU GAOJI SUCHENG SHANGWU HANYU II

商务背景知识链接

中国主流媒体举例

1. 中国中央电视台：http://www.cctv.com

2. 北京电视台：http://www.btv.org/

3. 中央人民广播电台：CHINA NATIONAL RADIO

4. 北京晚报：http://epaper.bjd.com.cn

5. 南方周末：http://www.infzm.com/

6. 网络媒体：

第四课

知己知彼 百战不殆*
—— 会展

课文

第十届中国国际软件博览会
INT'L SOFT CHINA

展示、交流、洽谈、合作
—— 第十届中国国际软件博览会

让世界了解中国软件产业　让中国软件企业走向世界
共同开拓国内外软件市场

时间：6月14日—6月16日
地点：北京，中国国际展览中心2、3、4、9号馆（16,000平米）
16个软件领域专业展及行业应用展，约60000名行业应用观众。政府高层领导、软件跨国公司巨头将出席并发表演讲，展会期间将举办数十个主论坛、分论坛：
1. 软件正版化与电子商务论坛
2. 信息安全论坛
3. 网络游戏产业发展论坛……

---

* 语出自《孙子·谋攻》，意思是对自己的情况和对方的情况都很了解，这样打仗才不会有危险，一直立于不败之地。

第四课 知己知彼 百战不殆

主办单位：信息产业部、科学技术部、国家发展和改革委员会、教育部、北京市人民政府

支持单位：各省市信息产业主管部门、各省市软件行业协会

承办单位：中国软件行业协会、中国信息产业商会、中国计算机报、中国国际贸易中心

协办单位：新浪网(会展)、搜狐网(商机)、赛迪网、国际贸易技术协会(美国加州)

支持媒体：中国电子报、计算机世界、软件世界、软硬件世界(英文)等媒体、网站

展会宗旨：建立中外软件市场交流与合作的国际化服务平台
展览模式：展览＋研讨＋商务洽谈(客户洽谈)
展览内容：网络安全与存储、中小企业信息化、数码/移动/家电应用、游戏/娱乐软件

参展商的三大超值享受(免费)：
1. 评选软博会参展产品金奖、创新奖，并在主流媒体上发布
2. 软博会会刊刊登参展企业介绍(中英文，1页A4)
3. 在新浪网(WWW.SINA.COM.CN)发布企业、产品信息

详情请联系中国软件行业协会、软博会组委会秘书处
联系人：张云女士　刘江先生
电话/传真：86-10-52523167，62166589(F)
地址：北京市海淀区学院南路55号中软大厦A401室(邮编100081)

词语

1.	会展	huìzhǎn	(名)	exhibition
2.	博览会	bólǎnhuì	(名)	international far; exposition
3.	展示	zhǎnshì	(动)	reveal; show
4.	洽谈	qiàtán	(动)	talk over with; negotiation
5.	产业	chǎnyè	(名)	property; estate(s); industry
6.	出席	chūxí	(动)	attend; put in an appearance
7.	期间	qījiān	(名)	time; period

8. 举办	jǔbàn	（动）	conduct; hold
9. 论坛	lùntán	（名）	forum
10. 正版	zhèngbǎn	（名）	principal edition
11. 主办	zhǔbàn	（动）	direct; undertake; sponsor
12. 委员会	wěiyuánhuì	（名）	commission; council; committee
13. 协会	xiéhuì	（名）	association; society
14. 承办	chéngbàn	（动）	undertake; contract to do a job
15. 商会	shānghuì	（名）	chamber of commerce
16. 计算机	jìsuànjī	（名）	computer
17. 网站	wǎngzhàn	（名）	website
18. 宗旨	zōngzhǐ	（名）	aim; purpose; tenet
19. 平台	píngtái	（名）	platform
20. 存储	cúnchǔ	（动）	store; memory
21. 数码	shùmǎ	（名）	digital
22. 参展	cānzhǎn	（动）	participate in exhibit
23. 超值	chāo zhí	（动）	overflow
24. 评选	píngxuǎn	（动）	choose through public appraisal
25. 金奖	jīnjiǎng	（名）	golden prize
26. 主流	zhǔliú	（名）	artery; mainstream
27. 组委会	zǔwěihuì		organize committee
28. 秘书处	mìshūchù		secretariat

 句 型

1. 政府高层领导、软件跨国公司巨头将出席并发表演讲。

   连词"并"的意思是并且。常连接动词或形容词，表示几个动作同时进行或几种情况同时存在。

   > 例：(1) 中国领导人将出席APEC会议并访问澳大利亚。
   > (2) 请你帮我把这首歌从网上下载下来并存在我的电脑里。
   > (3) 会上大家进行了热烈的讨论并一致通过了这个销售计划。
   > (4) 那家食品公司召回(recall)了有问题的产品并向消费者道歉。

第四课　知己知彼　百战不殆

练习：用括号中的词语完成对话：

A：贵公司的产品参展了吗？参展的话，就有机会被评为金奖产品，这对产品销售很有帮助。

B：_____。（并）

2. 详情请联系中国软件行业协会、软博会组委会秘书处。

"请联系……"意思是"请和……联系"。

> 例：(1) 本人有房出租，有意者请联系面谈，电话：12345678。
> (2) 供应二手汽车，有意者请联系王先生。
> (3) 如果遇到软件技术问题，请通过 E-MAIL 联系我们的客户服务部。
> (4) 本网站不以营利(profit-making)为目的，有问题或相关合作事项请联系管理员。

练习：用括号中的词语完成对话：

A：如果产品质量出现问题，我应该找谁呢？

B：_____。（联系）

☆练习☆

一、理解"展"和"办"两个字的意思，联想组词，可以查词典：

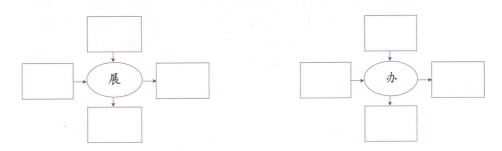

二、把互相可以搭配的词语连线：

展示	市场
出席	合作
发表	广告
洽谈	论坛
评选	商品
开拓	宣传平台
刊登	信息
存储	演讲
建立	创新奖

新丝路——高级速成商务汉语 II
XINSILU GAOJI SUCHENG SHANGWU HANYU II

三、从方框中找出与句子中画线部分词义相同的词语并改写句子：

> 国内外　参展商　超值　数十个　正版化　协办单位　主流媒体　巨头

1. 沃尔玛(Wal-mart)是世界上零售企业中<u>最大的公司之一</u>。
2. 国际贸易展览公司是专门为<u>参加展览会的企业</u>提供服务的。
3. 这次打折的产品是换季降价,质量都很好,您购买的话绝对<u>非常值得</u>。
4. 我们要招聘<u>中国和外国</u>的高层次的人才,以促进企业快速发展。
5. 这次来参加会议的企业有<u>几十个</u>。
6. 蓝鸟公司是这次国际比赛的<u>协助办理单位</u>。
7. 我们的广告最好投放在央视、中央人民广播电台、北京晚报等<u>影响力大的媒体</u>上。
8. 中国政府部门已经全部实现了所使用的<u>软件都是正版的</u>。

四、选择合适的词语填空：

1. 发表　发布　宣布　公布
    (1) 开会的时候,每个人都可以(　　)自己的意见。
    (2) 招聘录用的员工名单下周将(　　)在本公司的网页上,大家可以随时查看。
    (3) 在开幕式上,国家领导人(　　)本届奥运会正式开始。
    (4) 电视台在新闻节目中(　　)了这个消息后,引起了全国人民的关注。
    (5) 这篇文章即将(　　)在下一期的《商业周刊》上。
    (6) 这次对乳品安全的全部调查结果都要(　　)出来,接受群众的监督(supervise)。

2. 行业　产业　职业
    (1) 农业、工业和服务业分别属于经济结构中的第一(　　)、第二(　　)和第三(　　)。
    (2) 在服务业中,一般又可以分为餐饮业、旅游业等不同的(　　)。
    (3) 出租车司机这种(　　)是非常辛苦的。
    (4) 虽然我们俩都属于建筑(　　),但我们的(　　)不同,我是建筑工,他是技术设计员。
    (5) 新员工开始工作以前,公司要对他们进行(　　)培训。

五、根据课文的展会信息完成下面对话：

总经理：李经理,最近公司打算推出一批新产品,你看,这是研发部送来的有关新产品的材料,你们广告宣传部尽快提出一个宣传方案来。

李经理：现在有一个非常好的机会,我想首先在不久将举行的国际软件博览会上专门为这批新产品布置一个展位,再配合电视广告进行宣传。

第四课　知己知彼　百战不殆

总经理：哦！是一个什么级别、规模的博览会？主办单位是哪里？
李经理：_____。
总经理：展会的主题内容有哪些？和我们的产品对路吗？
李经理：_____。
总经理：参加展会的费用怎么样？对咱们产品的宣传有什么效益？
李经理：_____。
总经理：这么说，这个展会还是很值得参加的，展会的形式怎么样？
李经理：_____。
总经理：参展的话，什么时候开始报名？应该怎么申请？需要做哪些准备工作？
李经理：_____。
总经理：那好吧，参展的事就由你负责安排，把你需要的材料和费用写个报告交给我。

听一听　（录音文本见本书第122页）

词语

1.	致辞	zhì cí	（动）	address; speak; talk; make a speech
2.	开幕	kāimù	（动）	inaugurate; the curtain rises; open
3.	代表	dàibiǎo	（动、名）	represent; representative
4.	各界	gè jiè		all spheres; people of all walks of life
5.	荣幸	róngxìng	（形）	be honoured
6.	欢聚一堂	huānjùyìtáng		happy get-together; have a happy gathering
7.	兴办	xīngbàn	（动）	initiate; set up
8.	同行	tóngháng	（名）	people of the some trade
9.	资讯	zīxùn	（名）	information
10.	客商	kèshāng	（名）	travelling trader
11.	打造	dǎzào	（动）	make; build; construct
12.	盛会	shènghuì	（名）	grand gathering
13.	买家	mǎijiā	（名）	the buying party
14.	汇聚	huìjù	（动）	convergence; come together

15. 数目	shùmù	（名）	amount; number
16. 纪录	jìlù	（动、名）	take notes; record
17. 与会	yùhuì	（动）	participate in a conference
18. 谨	jǐn	（副）	solemnly; sincerely
19. 诚挚	chéngzhì	（形）	sincere; cordial

一、听录音，判断下面句子内容正误：

1. 本次展会展览的主要是啤酒和饮料。　　　　　　　（　　）
2. 本次展会刚刚结束。　　　　　　　　　　　　　　（　　）
3. 发言的男士是上海啤酒公司总经理。　　　　　　　（　　）
4. 男士的公司是本次展会的主办方。　　　　　　　　（　　）
5. 这个展会每两年举办一次。　　　　　　　　　　　（　　）
6. 本次展会的参展商数量是历年来最多的。　　　　　（　　）
7. 参加展会的企业主要是中国企业。　　　　　　　　（　　）
8. 展会结束后将举办技术交流会。　　　　　　　　　（　　）

二、再听一遍录音，填空：

　　第一届中国国际啤酒、饮料制造技术及_____展览会于_____年创办，至今已是第_____届展会。本届展览会由中国_____协会主办，由上海_____有限公司具体承办，规模比上届增长了_____%。

三、熟读下面的句子：

1. 下面我们有请本次展会主办方，上海展览服务有限公司的邓恩友总经理致开幕辞，大家欢迎！
2. 尊敬的各位领导、各位来宾、女士们、先生们，早上好！
3. 请允许我代表第七届中国国际啤酒、饮料制造技术及设备展览会的主办和协办单位向出席本次展会的各位领导、各位记者、各参展单位以及关心和支持本次展会的各界朋友表示衷心的感谢！
4. 相信本届展会一定能取得圆满成功！
5. 本人借此机会谨向各商业赞助单位、展商致以诚挚的谢意！
6. 预祝各位来宾展会期间生意兴隆，身体健康，万事如意！

读一读

广交会的作用

　　中国进出口商品交易会，创办于1957年春季，每年春秋两季在广州举办，又称广交会，是中国目前历史最长、层次最高、规模最大、商品种类最全、到会客商最多、成交效果最好的综合性国际贸易盛会。

第四课　知己知彼　百战不殆

　　广交会贸易方式灵活多样,除传统的看样成交外,还举办网上交易会。广交会以出口贸易为主，也做进口生意，还可以开展多种形式的经济技术合作与交流,以及商检、保险、运输、广告、咨询等业务活动。来自世界各地的客商云集广州,互通商情,增进友谊。

　　每届广交会都有数万来自美欧亚非拉大洋洲的客人。很多客人是带着订单到场,一旦发现相似或者中意的品种就现场下单;有的客人是来看有没有合适的供货商的,他们会根据参展商的样品及接待工作来确认;还有客人是来寻找新样品的,一旦发现好的样品也很有可能成交。

　　全国大的外贸专业公司和工厂都把参加每年的广交会作为重要任务，这不仅仅是因为客人众多,也是因为这是展示本公司、本企业良好形象和强大实力的平台。所以,大的专业公司在不同展馆都有很多摊位。统一的装潢,明亮显眼的设计让客商很容易就知道公司的实力,也在同行和生产商中树立了好的形象和口碑。

　　广交会上也有很多生产商和原料供应商参展,他们在接待外商的同时,也希望能和外贸公司多合作,所以他们常常也出来发名片,递样品。这样不但可以及时了解市场行情、降低成本,也对公司新品开发起到良好的促进作用。

　　参展商每次参展前要先开准备会议,结合近两年客人订货的品种整理出流行、系列的展品,按照不同摊位整齐装箱。本着宁多勿缺的原则多多准备样品,即使没有地方展示也准备万一有客人问起可以及时提供。

词语

1. 交易　　jiāoyì　　　　（动、名）　deal
2. 创办　　chuàngbàn　　（动）　　　establish; found; set up
3. 成交　　chéngjiāo　　（动）　　　strike a bargain
4. 商检　　shāngjiǎn　　（名）　　　commodities inspec-tion
5. 云集　　yúnjí　　　　（动）　　　come together in crowds; gather; swarm
6. 商情　　shāngqíng　　（名）　　　market condition
7. 订单　　dìngdān　　　（名）　　　order for goods; order form
8. 现场　　xiànchǎng　　（名）　　　site scene of an accident
9. 下单　　xià dān　　　（动）　　　order; place an order for
10. 样品　　yàngpǐn　　　（名）　　　sample; specimen
11. 确认　　quèrèn　　　（动）　　　affirm; confirm
12. 任务　　rènwù　　　　（名）　　　task; mission
13. 摊位　　tānwèi　　　（名）　　　stand
14. 装潢　　zhuānghuáng（动、名）　mount; decorate; mounting

15. 口碑	kǒubēi	（名）	public praise; opinions
16. 外商	wàishāng	（名）	foreign businessmen
17. 行情	hángqíng	（名）	quotations on the market; prices
18. 展品	zhǎnpǐn	（名）	exhibits; item on display
19. 本着	běnzhe		according to; acting on; in line on; in the light (spirit) of
20. 提供	tígōng	（动）	provide; supply; furnish; offer

句型

1. 一旦发现相似或者中意的品种就现场下单。
   副词"一旦"表示在将来不确定的时间,万一发生了某种情况。常和"就"搭配使用。

   > 例：(1) 据说,血压(blood pressure)高的人一旦开始服用降压药就不能停止。
   > (2) 虽然最近这个项目老加班,可一旦项目完成,我们就没什么事做了。
   > (3) 一旦消费者对我们的产品失去了信任,就很难进一步打开市场了。
   > (4) 有些好机会一旦错过,就不会再有了。

   练习：用括号中的词语完成对话：
   A：现在两家公司的关系越来越紧张,如果有一天双方撕破了脸,中止合作会怎么样?
   B：_____。(一旦……就……)

2. 本着宁多勿缺的原则多多准备样品。
   由"本着"组成的介词结构,介绍出动作、行为的凭借或依据。

   > 例：(1) 我们本着诚信的原则,追求双赢的目标,寻找合作伙伴。
   > (2) 这个城市本着实用节俭的原则办奥运。
   > (3) 安排员工出国工作要本着自愿的原则。
   > (4) 两家公司本着互利的原则开始合作。

   练习：用括号中的词语完成对话：
   A：贵公司为客户维修商品能保证质量吗?
   B：_____。(本着……原则)

3. 万一有客人问起可以及时提供。
   "万一"是万分之一的意思,表示可能性极小的假定。

第四课　知己知彼　百战不殆

例：(1) 不怕一万，就怕万一，所以我建议你出门旅行一定要买一份意外保险。
　　(2) 万一光盘有问题放不出声音的话，我就用录音机，我带了磁带。
　　(3) 你记一下北京宾馆的地址，万一下飞机没有人接你的话，你就自己打的去宾馆吧。
　　(4) 你去联系一下媒体记者，万一展会开幕后观众太少的话，可以在电视上宣传一下。

练习：用括号中的词语完成对话：
　　A：虽然A公司同意贷款给我们，可是没有签合同，我还是很担心。
　　B：_____。（万一）

☆练习☆

一、根据短文内容，判断正误：
　　1. 广交会一年一届。　　　　　　　　　　　　　　（　　）
　　2. 广交会是中国最早的综合性国际贸易展会。　　　（　　）
　　3. 在广交会上，大部分的生意是外商来购买中国商品。（　　）
　　4. 参加广交会的外商应该现场下订单。　　　　　　（　　）
　　5. 参展商准备的样品不宜太多。　　　　　　　　　（　　）

二、在下面空格中填入合适的动词：
　　1. 今天我公司特意（　　）这次宴会，以（　　）我们双方的友谊。
　　2. 这次来的客商很重要，公司让总经理亲自（　　），安排好他们的食宿。
　　3. 要想创立公司品牌，必须（　　）良好的公司形象。
　　4. 因为不（　　）行情，我们给对方的报价有点儿低了。
　　5. 公司成立一周年的时候，（　　）了各种庆祝和促销活动。
　　6. 为了扩大本公司在业界的影响力，公司计划（　　）一个全新的展览会。
　　7. 双方高层的这次会面对两家公司最终达成协议（　　）了很大的促进作用。
　　8. 我方希望贵公司在3月底之前（　　）样品。

三、从方框中找出与句子中画线部分词义相同的词语：

　　看样　到会　下单　商检　外商　宁多勿缺　盛会　外贸

　　1. 中国商人请客户吃饭的话，宁愿吃不完也不能不够。
　　2. 这次来参加展会的外国客商数量明显增加了。
　　3. 我们公司必须看到贵公司的样品之后才能订货。
　　4. 中国改革开放以后，对外贸易发展速度很快。
　　5. 今天来参加会议的人当中，有很多是我们的老客户。
　　6. 所有出口的货物都必须进行产品检查。

55

7. 本届交易会是全行业<u>最大最隆重的一次展会</u>。
8. 如果我们对贵公司的样品满意的话,很快就会<u>把订单给你们</u>。

四、根据"读一读"的内容完成下面对话:

A:你知道"广交会"是什么吗?
B:_____。(创办 称 盛会)
A:广交会上主要的贸易方式有哪些?
B:_____。(看样 举办)
A:广交会是不是只做出口贸易呢?
B:_____。(以……为…… 开展)
A:一般都是什么样的人参加广交会呢?
B:_____。(来自 国内)
A:参展商为什么要把自己的摊位装潢得很漂亮显眼?
B:_____。(树立 展示 平台)
A:参展商一般要做哪些准备工作?
B:_____。(整理 原则 万一)

说一说

你是一家化妆品生产企业销售部经理,看到下面这个展会的邀请函后,请和你的同事商量一下:

1. 参展的意义
2. 派几个人参展,每个人的工作安排
3. 参展预算
4. 怎么布置你们的展台

商量好以后,向总经理报告你们的参展计划。

尊敬的客户朋友:您好!

　　第96届中国化妆品交易会定于今年8月23日–25日在上海光大会展中心举行。这是中国百货商业协会主办的行业展会。本届交易会展示面积达26000平方米,设标准展位1200个,将为您搭建一个形象展示、新品推介、贸易洽谈、信息传播的平台。届时将有来自中国、美国、法国、英国、日本、韩国等十几个国家及港澳台地区的美容化妆品企业相聚上海。

　　我们热情邀请您参加本届交易会,请登录:www.madeinchina.com 了解更多详情。我们热切期待您的回复,并希望在交易会上与您见面!

中国百货商业协会

备注:1. 确定参展参会的单位,请详细填写回执并加盖公章于3月30日前寄至中国百货商业协会。2. 展位费于5月30日前汇至中国百货商业协会,并以收到汇款时间按先后顺序安排展位。

第四课　知己知彼　百战不殆

附：展位费用

展馆一层：国际展区　光地：210 美元 /m²，标准摊位：1800 美元 / 个(3m×3m)
　　　　　国内 A 区　光地：1200 元 /m²，标准摊位：19000 元 / 个(3m×3m)
　　　　　国内 B 区　光地：1000 元 /m²，标准摊位：18000 元 / 个(3m×3m)
展馆二层及三层：国内 C 区　光地：900 元 /m²，标准摊位：17500 元 / 个(3m×3m)
优惠方法：会员单位或往届参展单位优惠 10%；提前 6 个月付清全款优惠 10%。

写一写

一、根据"说一说"中第 96 届中国化妆品交易会邀请信及各组讨论的结果，如果决定参展，请填写下面参展报名表。

中国化妆品交易会参展报名表

单位名称	中文			部门	
	英文			联系人	
地　址				邮编	
电　话			网　址		
传　真			E-mail		
展出内容					
备注					
参展人数		参展单位简介	（200 字左右，请另附）		

主要参会人员姓名	性别	职务	联系电话

请在阅读邀请函上的"展位费用"后，再填写以下各项：

展位规格	展位号	展位数量及面积	展位费用
标准展位		个	
室内光地		m²	
室外光地		m²	

会刊广告位置		会刊广告费用	
其他广告类型		其他广告费用	
费用合计（大写）			

（展会承办单位盖章确认）	（参展单位盖章确认）
经办人：	经办人：
年　月　日	年　月　日

二、如果决定不参展,请给主办方回一封信:
    1. 感谢对方的邀请;
    2. 表示不能参展;
    3. 说明不参展的原因;
    4. 预祝交易会圆满成功。

综合运用

一、分小组策划组织一个某类产品的博览会方案,内容包括:

展会目的	
会务活动安排	
博览会举办的地点、时间	
展会规模	
邀请对象	
收费标准	
报名联系方式	

二、根据上面的策划内容,写一封给相关企业的参会邀请信。

第四课　知己知彼　百战不殆

商务背景知识链接

广交会网站

第102届广交会

第102届中国出口商品交易会已于10月30日落下帷幕，相关信息如下：	
举办时间	第一期 10月15日—20日 第二期 10月25日—30日
举办地点	中国进出口商品交易会琶洲展馆（广州市海珠区阅江中路380号） 中国进出口商品交易会流花路展馆（中国广州市流花路117号）
主办单位	中华人民共和国商务部 广东省人民政府
承办单位	中国对外贸易中心
展出内容	工业类 纺织服装类及医药保健类 日用消费品类 礼品类
展览总面积	63.5万平方米
总展位数量	32,005个
成交额	374.5亿美元(出口累计成交)
到会国家和地区	213个
境外采购商	189,500人
参展商数量	出口展区:14,574家 进口展区:480家
相关业务请进入"<u>服务大厅</u>"选择	

第五课

买卖不成仁义在*
——贸易谈判

课　文

外贸的特点

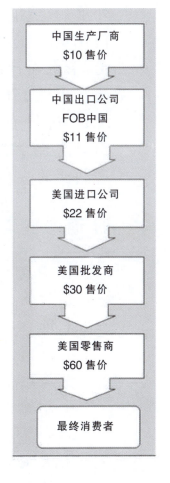

与国内贸易相比,外贸交易有很多特点。首先是交易周期长。一批货物由远洋货轮从宁波港口运到伦敦港口,单是海路就需要25天左右,加上备货、卸货和内陆运输的时间,往往在一个月以上。对于一些季节性强的商品通常会提前几个月甚至一年的时间磋商,订立长期的合同。其次是交易成本高。一个集装箱货物的海运费,从宁波到伦敦约需1万元人民币以上。此外,尚需用于办理进出口手续的费用,而这些费用常常是固定的,与交易量没有太大关系。为均摊费用,交易量大显然比较合算。这也是国际贸易的另一个特点——量大。国际贸易货物多为大宗批发,常常以"集装箱"为交易量单位。另外就是手续繁杂,中间环节多,比如很多商品出口前必须由国家进出口商品检验检疫局强制检验;要向管理进出口的买卖双方海关申报;要通过银行收取货款;要向税务机关纳税等。

---

* 这是一句俗话,意思是即使做不成生意,但双方的友谊还在。

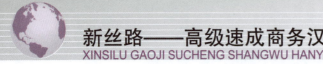

外贸因有以上特点，自然风险也会比较大，一旦出问题损失也大。为此，国际贸易行业制定了贸易惯例与协定，包括货物的国际通行质量标准、价格计算、买卖双方责任与权利等，以期最大程度地保障贸易秩序。

大批量货物从工厂出运到客户收货，货主不可能从头到尾监督保管。如果都是实物交接，不但大大增加了运输和仓库的费用，更加大了货物在装卸途中的损耗。最好的办法，就是简化实物转运的过程，让货物只经过工厂——装货码头仓库——卸货码头仓库——客户这四道环节。这就产生了外贸中的单证交易。

所谓单证交易，就是用一套单证文件来代表货物。谁拿到了这套单证，谁就是货物的主人。这样一来，货物尽量不动，单证则任意买卖转手。这套单证，通常包括提货单、发票、装箱单以及其他说明货物情况的文件，如证明货物品质的检验证书、产地证书等。

此外，外贸商常以低于国内销售成本的价格出口货物。他们疯了吗？当然不是。即使以很低的价位"贱卖"，外贸仍有利润。这是因为外贸的退税制度。假如你从国内工厂购进一批彩电，价格为含税价1170元，其中1000元是净价，170元是已缴增值税。按照国家的规定，彩电类产品的出口退税率为17%，也就是说，彩电出口以后，税务局将退返170元给出口商。这样一来，即使出口商以平本价即1170元出口，仍可得到退税款170元作为利润收入。在这种情况下，如果出口者出于竞争考虑，即使以低于进价1170元的价格出售，也还是有利润的。

词 语

1. 周期	zhōuqī	（名）	period; cycle
2. 货物	huòwù	（名）	goods; cargo; merchandise
3. 港口	gǎngkǒu	（名）	harbor; port
4. 磋商	cuōshāng	（动）	consult; advise with
5. 海运	hǎiyùn	（动）	sea transportation
6. 均摊	jūntān	（动）	share equally
7. 合算	hésuàn	（形）	paying; worthwhile
8. 大宗	dàzōng	（形、名）	a large amount or quantity
9. 检验	jiǎnyàn	（动）	test; examine; inspect

第五课　买卖不成仁义在

10. 检疫	jiǎnyì	（动）	quarantine
11. 海关	hǎiguān	（名）	customhouse; customs
12. 申报	shēnbào	（动）	declare
13. 货款	huòkuǎn	（名）	payment for goods
14. 税务	shuìwù	（名）	taxation affairs
15. 纳税	nà shuì	（动）	pay taxes
16. 惯例	guànlì	（名）	usual practice; convention; usage
17. 协定	xiédìng	（名）	agreement; accord; treaty
18. 通行	tōngxíng	（动）	current; general
19. 责任	zérèn	（名）	duty; responsibility
20. 秩序	zhìxù	（名）	order; sequence
21. 批量	pīliàng	（名、副）	quantity; batch
22. 货主	huòzhǔ	（名）	master of goods; owner of cargo
23. 交接	jiāojiē	（动）	hand over and take over
24. 仓库	cāngkù	（名）	warehouse; storehouse
25. 装卸	zhuāngxiè	（动）	load and unload
26. 损耗	sǔnhào	（动、名）	loss; wastage; spoilage
27. 码头	mǎtóu	（名）	wharf; dock; pier; quay; port city
28. 单证	dānzhèng	（名）	list; receipt; evidence
29. 发票	fāpiào	（名）	invoice; bill; receipt
30. 装箱单	zhuāngxiāngdān		packing list
31. 证书	zhèngshū	（名）	certificate
32. 产地	chǎndì	（名）	place of origin (production)
33. 贱卖	jiànmài		lower prices
34. 退税	tuì shuì		tax refund
35. 净价	jìngjià	（名）	net price
36. 进价	jìnjià	（名）	current price; market price

句　型

1. 这样一来，货物尽量不动，单证则任意买卖转手。

"这样一来"是一个口语词，表示某种行为会产生什么样的结果。

> 例：(1) 他坚持每天早晚跑步，这样一来，身体明显比以前好多了。
>
> (2) 最近公司规定加班费增加一倍，这样一来，加班的人更多了。

(3) 我们答应客户价格减半,这样一来,订单马上就增加了很多。
(4) 公司取消了出差补助(subsidy),这样一来,还有谁愿意出差啊?

练习:用括号中的词语完成对话:
A:你觉得在货物装卸的过程中,怎样才能最大程度地减少损耗?
B:＿＿＿＿＿＿＿＿＿＿＿。(这样一来)

2. 出口者出于竞争考虑,即使以低于进价1170元的价格出售,也还是有利润的。
"出于……考虑"用在句中表示原因,意思是"考虑到……"。

例:(1) 出于对游客身体健康的考虑,本旅行社自即日起暂停办理前往高原地区旅游的手续。
(2) 各石油国寻求与中国合作炼油是出于多方利益考虑。
(3) 出于环保考虑,政府决定对汽车征收环保税。
(4) 大会组委会决定给志愿者奖金,尽管志愿者表示不是出于钱的考虑才来工作的。

练习:用括号中的词语完成对话:
A:为什么银行对小企业和个人贷款审查特别严格?
B:＿＿＿＿＿＿＿＿＿＿＿。(出于……考虑)

 ☆练习☆

一、理解"货"和"运"两个字的意思,联想组词,可以查词典:

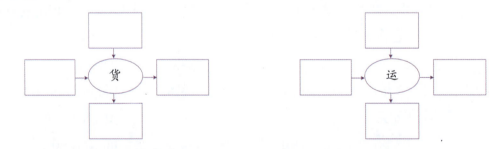

二、从方框中找出与句子中画线部分词义相同的词语改写句子:

备货　均摊　惯例　简化　转手　贱卖　净价　卸货

1. 这笔广告费用我希望我们<u>三方每家出三分之一</u>,怎么样?
2. 现在政府追求办事效率,所以<u>办理注册的手续越来越简单了</u>。
3. 如果贵方要求我们在月底前装运的话,我们很难有时间<u>准备货物</u>。
4. 因为人手不足,所以货物到港后还没来得及<u>把货物从船上搬下来</u>。
5. 因为库存太多,所以公司决定把这些商品<u>以最便宜的价格卖掉</u>。
6. 他买房子不是为了自己住,而是想<u>买了后再以高价卖给别人</u>。

第五课　买卖不成仁义在

7. 如果职工无故缺勤的话,按照以前的办法,一律扣除当月奖金。
8. 我方所报的这个价格是不包括回扣(rebate; backhander)、佣金、税费等在内的商品价格。

三、在下面句子的空格处填写合适的动词：

1. 经过四轮磋商,双方就合作达成了一致意见,(　　　)了技术转让(attorn)合同。
2. 两家公司决定委托(consign)外贸公司(　　　)进出口手续。
3. 卖方和买方将(　　　)包装费用,一家一半。
4. 制定国际商品质量标准是为了(　　　)全球贸易秩序。
5. 在国际贸易中,卖方一般都是通过银行(　　　)货款。
6. 在港口(　　　)货物时一定要认真核对货物的数量和质量。
7. 一旦货物出现了问题,买方一定要(　　　)好所有的单证,以便索赔。
8. 如果你在外国购买了一台电脑,可以在机场海关(　　　)税。

四、参考括号里的词语完成对话：

1. A：您收到我公司发给您的新产品资料了吗？您对我们的报价满意吗？
   B：＿＿＿＿＿＿＿＿＿＿＿＿＿＿＿＿。(行情　预算)
2. A：请问,贵公司的报价含税吗？运费怎么计算？
   B：＿＿＿＿＿＿＿＿＿＿＿＿＿＿＿＿。(包括　均摊)
3. A：贵公司为什么一定要求我们一次付清货款,而且是现金呢？
   B：＿＿＿＿＿＿＿＿＿＿＿＿＿＿＿＿。(出于……考虑)
4. A：贵公司最早什么时候能够交货装船？
   B：＿＿＿＿＿＿＿＿＿＿＿＿＿＿＿＿。(这样一来)
5. A：如果贵方不能按时交货以及发生货物数量不足、质量和样品不符的情况,怎么办呢？
   B：＿＿＿＿＿＿＿＿＿＿＿＿＿＿＿＿。(责任　损耗)

听一听　(录音文本见本书第122页)

词语

1. 规格　guīgé　（名）　specifications; standards; norms
2. 交货　jiāo huò　（动）　delivery
3. 拖　tuō　（动）　delay; defer
4. 调货　diào huò　　　　transfer goods

新丝路——高级速成商务汉语 II
XINSILU GAOJI SUCHENG SHANGWU HANYU II

5.	索赔	suǒpéi	（动）	claim indemnity
6.	赔偿	péicháng	（动）	pay for; compensate
7.	难关	nánguān	（名）	barrier; crisis; difficulty
8.	现成	xiànchéng	（形）	ready-made
9.	超出	chāochū	（动）	overstep
10.	让步	ràng bù	（动）	give in; give way
11.	现金	xiànjīn	（名）	ready money; cash
12.	定金	dìngjīn	（名）	penny; earnest money
13.	优惠	yōuhuì	（形）	preferential
14.	起草	qǐcǎo	（动）	draft out; draw up

一、听录音，选择正确的答案：

1. 男士和女士的公司：
   A. 是首次合作　　　　　　　B. 合作过几次
   C. 在合作中出了问题　　　　D. 是长期合作关系

2. 日方要求男士的公司必须什么时候把货物运出？
   A. 11月21日　　　　　　　　B. 11月底
   C. 一个月之内　　　　　　　D. 下个月底

3. 男士希望从女士工厂订购多少货物？
   A. 100吨　　　　　　　　　　B. 700吨
   C. 800吨　　　　　　　　　　D. 900吨

4. 男士为什么请女士的工厂加工货物？
   A. 日方的要求　　　　　　　B. 原厂商不愿意负责
   C. 女士的工厂能完成订单　　D. 女士的公司信誉好

5. 他们协商后的加工价格比原合同价高多少美元？
   A. 30　　　　　　　　　　　　B. 35
   C. 40　　　　　　　　　　　　D. 50

6. 女士为什么最终决定帮这个忙？
   A. 与男士公司有合作协议　　B. 该订单利润丰厚
   C. 公司有困难需要订单　　　D. 男士提供很多优惠条件

二、再听一遍录音，回答下面问题：

1. 男士遇到了什么问题要请女士帮忙？
2. 女士为什么感到为难？
3. 男士提出什么样优惠的付款方式？

第五课　买卖不成仁义在

三、熟读下面的句子：

1. 我是无事不登三宝殿啊。今天来是想请您帮我一个忙。
2. 有什么事您尽管说，咱们也打过好几次交道了，您别客气。
3. 你们应该向延迟交货的工厂索赔呀。
4. 价格方面咱们好商量。
5. 我知道这事让您挺为难的，我方可以在与原厂家的合同价基础上每吨高30美元。
6. 看在咱们是老朋友的份儿上，我帮您这个忙没问题，可是厂里确实有困难，您看能不能每吨提高40美元，这样我好跟厂里说。
7. 这是我能做出的最大让步了。
8. 您是了解行情的，我公司对贵方的优惠是前所未有的，您再考虑考虑吧。
9. 希望以后我们可以长期合作。

读一读

询盘与报价

询盘亦称询价或索盘，按其内容可以分为一般询盘和具体询盘，是买卖双方交易磋商的开始。一般询盘是指进口人为了解情况向出口人索取需要的商品目录本、价格单、样品等。具体询盘是指进口人想买某种商品，并就指定商品要求出口人报价。

在接到客户询盘时，很多商家不知道如何报价，报得太低，没有钱赚，而且客户会把价压得更低，报得太高，又怕客户把订单下给了别人。因此在报价时，首先要认真分析客户的购买意愿和真正需求，然后才能决定给他们尝试性报价（虚盘），还是正式报价(实盘)。有些客户将价格低作为成交的最重要的因素，一开始就报给他接近你的底线的价格，那么赢得订单的可能性就大。有的客户习惯于讨价还价，你所报出的价格，他如果不砍一点价就不太甘心，那么，第一次报价时可以预留出砍价的幅度。

其次，做好市场调研，依据最新的行情报价——"随行就市"，买卖才有成交的可能。根据销售淡、旺季之分，或者订单大小也可以调整自己的报价策略。如果某产品行情低迷，为了抢下订单，就不妨直接报出你的最低价。对于服装等季节性很强的商品，在你的报价中给客户承诺快速而又准时的交货期无疑可以让客户关注你的报价单。

外贸出口流程图：询盘 → 发盘 → 还盘 → 接受 → 签订出口合同

新丝路——高级速成商务汉语 II

　　另外，在一份报价中，采用哪一种价格术语实际上就决定了买卖双方的责权、利润的划分。比如，FOB(free on board)，意思是"船上交货(指定装运港)"，也叫离岸价，买方负责租船订舱和办理保险，同时承担运费和保险费。CFR(cost & freight)，意思是"成本加运费(指定目的港)"，卖方负责租船订舱并承担运费，买方负责办理保险并承担保险费。CIF(cost, insurance & freight)，意思是"成本加保险费、运费(指定目的港)"，也叫到岸价，卖方负责租船订舱、办理保险，同时承担运费和保险费。如果选择以离岸价成交，由于是进口商与承运人联系派船，在运费和保险费波动不稳的市场条件下于出口商有利，但被动的一面是，如果进口商延迟派船，就会使出口商增加仓储等费用的支出。

　　最后，要对自己的综合实力有信心。客户会从报价中了解你是不是该行业的老手，并判断你的可信度，过低的价格反而让客户觉得你不可信、不专业。虽然目前很多外商到处比价询盘，但良好的公司的形象和口碑能够帮助你吸引和留住客户。

词语

1. 询盘	xún pán	（动）	inquire; enquire; inquiry
2. 报价	bào jià	（动）	quotation; quoted price
3. 询价	xún jià	（动）	inquire; enquire; inquiry
4. 目录	mùlù	（名）	catalog; catalogue; list
5. 讨价还价	tǎojiàhuánjià		close a bargain; bargain
6. 砍价	kǎn jià	（动）	haggle over prices
7. 随行就市	suíhángjiùshì		fluctuate in line with market conditions
8. 承诺	chéngnuò	（动）	promise to undertake
9. 订舱	dìng cāng	（动）	book cargo space
10. 运费	yùnfèi	（名）	transportation expenses; freight
11. 目的港	mùdìgǎng		destination port
12. 承运人	chéngyùnrén		transport contractor
13. 波动	bōdòng	（动）	wave motion; fluctuation of prices
14. 有利	yǒulì	（形）	advantageous; beneficial; favorable
15. 被动	bèidòng	（形）	passive
16. 仓储	cāngchǔ	（动）	store in a warehouse
17. 老手	lǎoshǒu	（名）	veteran; old hand; old stager; old timer

第五课　买卖不成仁义在

 句　型

1. 具体询盘是指进口人想买某种商品,并就指定商品要求出口人报价。
   "就"在这里做介词,引出动作的对象或范围。

   > 例：(1) 大家就这个问题展开了讨论。
   > (2) 总经理专门召集销售部开了个会,就下周贸易洽谈的安排提出了要求。
   > (3) 今天双方主要就货物运输方式的问题进行了洽谈。
   > (4) 微软和雅虎开始就收购(purchase)的问题进行了谈判。

   练习：用括号中的词语完成对话：
   　　　A：对方发来的传真的主要内容是什么?
   　　　B：_____。(就)

2. 为了抢下定单,就不妨直接报出你的最低价。
   这里的"不妨"是副词,表示最好这样做,而且这样做也没有什么坏处。

   > 例：(1) 心情不好的时候不妨听听流行音乐。
   > (2) 据说汽车的价格春节后还会下降,想买车的朋友不妨再等一等。
   > (3) 那家饭馆虽然有点儿远,但菜的味道很好,有空儿的时候你不妨去尝尝。
   > (4) 为了让孩子养成自己事自己做的好习惯,妈妈不妨懒一点儿。

   练习：用括号中的词语完成对话：
   　　　A：不吃药的话,有什么治感冒的好办法?
   　　　B：_____。(不妨)

3. 被动的一面是,如果进口商延迟派船,就会使出口商增加仓储等费用的支出。
   "一面"这里表示一个方面。

   > 例：(1) 这本名人传记(biography)描写了他在生活中不被大家熟悉的一面。
   > (2) 明星们总是把自己最美的一面展示给大家。
   > (3) 每个人都有善的一面,也都有恶的一面。
   > (4) 人民币升值对中国来说,有利的一面是提高了中国国际地位,不利的一面是影响了外贸企业出口。

   练习：用括号中的词语完成对话：
   　　　A：你觉得张经理这个人怎么样?
   　　　B：_____。(……的一面)

新丝路——高级速成商务汉语 II
XINSILU GAOJI SUCHENG SHANGWU HANYU II

☆练习☆

一、根据文章内容,回答下面问题:

1. 一般询盘和具体询盘有什么不同?
2. 商家报价如果过低或过高的话,会有什么结果?
3. 商家报价前首先要了解什么?
4. 在什么情况下可以把价格报得高一些?
5. 请总结一下,影响报价高低的因素有哪些?

二、解释下面贸易术语:

1. 询盘
2. 虚盘、实盘
3. 随行就市
4. FOB、CFR、CIF

三、填写能与下面名词搭配的动词并造句:

(____盘)　　询盘:最近收到很多客户的询盘传真。
　　　　　　　还盘:我公司的还盘价为每件100元。
　　　　　　　……

(____价)　　_____

(____订单)　_____

(____费用)　_____

(____客户)　_____

四、参考括号里的词语完成对话:

经理:上午S公司发来的传真是什么内容?
秘书:_____。(询盘　目录　报价　样品)
经理:你们打算怎么回复?报价是多少?
秘书:_____。(虚盘　砍价)
经理:你能确定这个报价可以吸引对方吗?
秘书:_____。(销售淡/旺季　交货期)
经理:这个价格是离岸价还是到岸价?
秘书:_____。(市场条件　负责　承担)

第五课　买卖不成仁义在

经理：那好吧，S公司是个大客户，希望能通过这次交易与他们建立长期合作的关系，还盘之后，对方有什么反应随时告诉我，必要的话，可以适当给一些优惠。

秘书：_____。（信心　留住）

一、请把下面买卖双方的相关的问答句连起来（可以多选）：

卖方	买方
1. 我们的报价您能接受吗？	A. 看到了，不过报价大大超过了我方预算，所以现阶段不准备考虑订货。
2. 发去的商品目录和报价你们看到了吗？	B. 你们最快什么时候能装船发货？
3. 如果大宗订货并且一次付清货款的话，价格可以再降两个点。	C. 很遗憾，这个报价太高了，我希望你们能重新考虑一下这个价格。
4. 关于定金，我方希望能降到20%。	D. 这个没问题，我们一收到货就马上付清余款，那么就按2%的折扣下单吧。
5. 收到订单后，两周之内就可以发货。	E. 贵方能不能再打点折扣？
6. 按照惯例，我方报的都是离岸价。	F. 既然这样，那就没法再谈了。以后有机会再合作吧。
7. 我们的条件是10日内付款为2%的折扣，30日内付款无折扣。	G. 这样啊，我个人很难决定，我得回去和上头商量商量才能给你回复。
8. 这是我们的底价了，不能再做任何让步了。	H. 贵方的报价包括运费和保险费吗？

二、根据下面卖方和买方的情况和条件，分角色进行贸易洽谈，要说明己方理由：

	卖方	买方
产品规格	各种图案、规格的瓷器	茶具，提供花样图案
订单数量		1000套
价格	报价：200元/套	还价：150元/套
折扣及条件	1500套以上打九折	20%定金，80%货到付款
支付方式	银行转账	以美元结算，含税费、包装费
交货日期	30日内	20日内
包装	纸箱	木箱
运费	承担运费	
保险费		承担保险费

读读下面两封询盘函电,根据其中的一封信函写一封回信,注意格式:

询盘函电1:请寄商品目录

金方纺织品有限责任公司:

　　从贵方9月1日来函中获悉贵公司是中国棉布出口商并希望与我公司直接建立业务关系,此点正与我们的愿望不谋而合。目前,我们对印花布很感兴趣,惠请航寄该商品目录册、样本及一切必要资料,以便熟悉其布料及工艺;同时,还请贵方报给含佣金5%的伦敦到岸价的最低价,并说明最早船期。如贵方价格有竞争性且交货方式可接受,我即向贵方拟订大宗货物。

　　如蒙早复,不胜感激。

　　顺颂

商祺!

长乐贸易公司
2009年9月10日

询盘函电2:催问报价单

天立服装有限公司:

　　我方2008年12月20日曾去函请贵方报来C210号商品价格。如果贵方尚未发出此项报价单,则请尽快航寄。事实上,我方现已收到其他供货人的报价单数份,出于对贵方的考虑,请速报价,以免失去机会。正如贵方所知,我公司正在调整中西部发展战略,如贵方能利用这一时机,为双方的合作铺平道路,则我们之间的贸易前景将是十分广阔的。

　　期待贵方的答复!

春景公司
2009年1月5日

综合运用

一、商务解决方案:

　　王红是丰乐贸易公司出口部经理,该公司与利达陶瓷制品有限公司签了一单合同,购买1000件纯白色瓷瓶出口到欧洲。因为是第一次合作,王红要求去天津新港验货,并以此为合同生效的前提。

　　王红在港口打开第一个瓷瓶包装,竟然发现瓶子上镶嵌着一小块石头。这种情况一般是不可能发生的。王红原来只打算查看二三个,结果她要求打开20个,仔细查看以后,再没有发现类似的问题。

第五课　买卖不成仁义在

王红发现问题时,合同已经确认两个星期了,这时市场价已经向下走了5美元/个,如果王红提出不要货了,虽然按照合同约定,利达不得不接受,但损失会很大,而且也会使丰乐公司失去欧洲市场。

如果你是王红,你应该怎么办?请按照下面的角色要求分组模拟商谈:
角色 A:王红
角色 B:丰乐公司总裁
角色 C:利达公司销售部经理

二、描述下面贸易流程图,并尽量说明在这个流程中一些环节需要注意的问题:

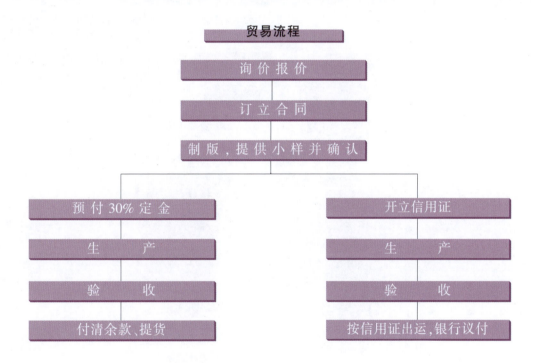

世界贸易组织(World Trade Organization — WTO)

1994年4月15日在摩洛哥的马拉喀什市举行的关贸总协定乌拉圭回合部长会议决定成立更具全球性的世界贸易组织(简称"世贸组织"),以取代成立于1947年的关贸总协定(GATT)。

世贸组织是一个独立于联合国的永久性国际组织。1995年1月1日正式开始运作,负责管理世界经济和贸易秩序,总部设在瑞士日内瓦莱蒙湖畔。世贸组织涵盖货物贸易、服务贸易以及知识产权贸易,与世界银行、国际货币基金组织一起,并称为当今世界经济体制的"三大支柱"。

2001年12月11日,中国正式加入世界贸易组织(简称"入世"),成为其第143个成员。

世界贸易组织机构图

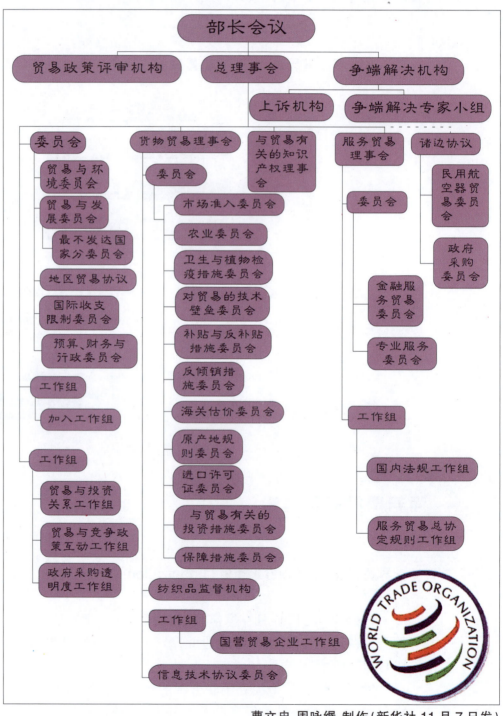

曹文忠 周咏缙 制作(新华社11月7日发)

第六课

互惠互利
—— 签约

课文

进口合同的履行

买卖双方经过交易磋商、达成协议后要签订书面合同，作为约束双方权利和义务的依据。在国际贸易中，买卖合同一经依法有效成立，有关当事人必须履行合同规定的义务。履行离岸价条件下的进口合同的主要环节如下：

精诚合作

1. 开立信用证

进口合同签订后，按照合同规定填写开立信用证申请书向银行办理开证手续。信用证的内容与合同条款一致，例如货物品质规格、数量、价格、交货期、装货期、装运条件及单据等。

2. 租船订舱和催装

租船订舱应由买方负责。在办妥租船订舱手续后，买方应按规定的期限通知对方船名及船期，以便对方备货装船。

3. 保险

买方在收到国外装船通知后，将船名、提单号、开船日期、商品名称、数量、装运港、目的港等项内容通知保险公司，办妥保险手续。

4. 审单和付款

银行收到国外寄来的单据后，对照信用证的规定，核对单据的份数和内容。如内容无误,则出具"付款通知书"向用货部门进行结算。如审核国外单据发现证、单不符时,要立即处理,要求国外改正,或停止对外付款。

5. 报关、接货和验收

进口货物到货后,由进出口公司或委托外运公司根据进口单据填写"进口货物报关单"向海关申报,并随附发票、提单及保险单。货、证经海关查验无误,才能放行。进口货物运达港口卸货时,要进行核对。如发现短缺,应及时填写"短缺报告"交由船方签认。如发现残损,货物应存放于海关指定仓库,待保险公司会同商检局检验后做出处理。如有残损短缺,凭商检局出具的证书对外索赔。

6. 索赔

进口商常因货物品质、数量、包装等不符合合同的规定,而需向有关方面提出索赔。根据造成损失原因的不同,进口索赔的对象主要有三个方面:

(1) 向卖方索赔,例如,原装数量不足;货物的品质、规格与合同规定不符;包装不良致使货物受损;未按期交货或拒不交货等。

(2) 向轮船公司索赔,例如,原装数量少于提单所载数量;货物有残缺情况,且属于船方过失所致。

(3) 向保险公司索赔,例如,由于自然灾害、意外事故或运输中其他事故的发生致使货物受损,并且属于承保险别范围以内的。

对外索赔必须在合同规定的索赔有效期限内提出,过期无效。如果商检工作可能需要更长的时间,可向对方要求延长索赔期限。

词语

1. 互惠互利	hùhuì hùlì		reciprocity, be mutually beneficial
2. 签约	qiān yuē	(动)	sign contract
3. 约束	yuēshù	(动)	restrain; control; restrict
4. 依据	yījù	(动、介)	basis; listen to; comply with
5. 当事人	dāngshìrén	(名)	agent concerned
6. 信用证	xìnyòngzhèng	(名)	letter of credit
7. 条款	tiáokuǎn	(名)	clause; article; provision; term
8. 装运	zhuāngyùn	(动)	shipment; loading

第六课　互惠互利

9. 单据	dānjù	（名）	receipt
10. 期限	qīxiàn	（名）	time limit; deadline
11. 对照	duìzhào	（动）	contrast; compare
12. 核对	héduì	（动）	check off; collate; tally
13. 结算	jiésuàn	（动）	close an account; settle accounts
14. 报关	bào guān	（动）	declare; apply at the customs
15. 验收	yànshōu	（动）	check before acceptance
16. 卸货	xiè huò	（动）	unload; discharge cargo
17. 短缺	duǎnquē	（动）	fall short; shortage
18. 过失	guòshī	（名）	fault; error; mistake
19. 承保	chéngbǎo	（动）	accept insurance
20. 有效期	yǒuxiàoqī	（名）	period of validity
21. 过期	guò qī	（动）	exceed the time limit; overdue
22. 延长	yáncháng	（动）	prolong; protract

句型

1. 买卖合同一经依法有效成立，有关当事人必须履行合同规定的义务。
   "一经"用在动词或表示条件的词组前面，表示只要经过某种行为或某个步骤，就可以产生相应的结果，后面常有"就"、"便"等相呼应。

   > 例：(1) 所有比赛结果一经公布，就不能再更改了。
   > (2) 波音747一经问世，便赢得了全世界乘客的青睐。
   > (3) 本公司征集商品名称和商标，一经采用将重金酬谢。
   > (4) 员工如果做出有损公司利益的事，一经发现，立即开除(expel; dismiss)。

   练习：用括号中的词语完成对话：
   A：在你们商店购买的内衣可以退换吗？
   B：_____。（一经）

2. 货物有残缺情况，且属于船方过失所致。
   "所致"表示由于某种原因而造成的。

   > 例：(1) 发错货物是由于销售人员粗心所致。
   > (2) 据警方调查，这次食物中毒(food poisoning)事件是人为所致，与食品质量无关。
   > (3) 高房价是供需不平衡(imbalance)所致。
   > (4) 最近电视机价格不断下跌是什么原因所致？

练习:用括号中的词语完成对话:
A:这次的交通事故是怎么造成的?
B:_____。(……所致)

☆练习☆

一、理解"单"和"检"两个字的意思,联想组词,可以查词典:

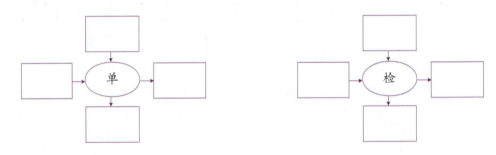

二、填写能与下面名词搭配的动词并造句:

_____ 合同 _____

_____ 信用证 _____

_____ 单据 _____

_____ 货物 _____

三、从方框中找出与句子中画线部分意思相同的词语并改写句子:

报关　办妥　不符　索赔　险别　过期无效　船期　目的港

1. 贵方一旦办好了各种手续,请马上通知我方。
2. 在合同的第7条有关保险种类的条款中,我方希望把"灾害险"改为"一切险"。
3. 货物准备好之后,我方将派专门人员向海关申报。
4. 如果货物的质量出现问题,我方有权让对方赔偿我们的损失。
5. 我方发现装船的货品数量和订单上的不一样。
6. 这份合同的有效期到今年年底,过了今年年底就作废了。
7. 这批货物对方要求运达的港口是大连。
8. 货物备好以后,请于两日内通知我们货船出发的时间。

第六课 互惠互利

四、把互相可以搭配的词语连线：

达成　　　　损失
结算　　　　证明
造成　　　　协议
出具　　　　期限
提出　　　　货款
延长　　　　货物数量
核对　　　　报关单
填写　　　　索赔

五、参考括号里的词语完成对话：

1. A：买卖双方一旦签订了合同，对双方来说意味着(mean; signify; imply)什么？
   B：＿＿＿＿＿＿＿＿＿＿＿＿。（一经　权利　义务）
2. A：信用证的内容主要是什么？
   B：＿＿＿＿＿＿＿＿＿＿＿＿。（一致　条款）
3. A：离岸价条件下的进口合同，买方有什么责任？
   B：＿＿＿＿＿＿＿＿＿＿＿＿。（由……负责　通知）
4. A：在港口交接货物时，买方需要做哪些工作？
   B：＿＿＿＿＿＿＿＿＿＿＿＿。（核对　填写　处理）
5. A：买方发现货物包装损坏了，应该向哪一方索赔？
   B：＿＿＿＿＿＿＿＿＿＿＿＿。（不符　……所致　属于）

听一听　（录音文本见本书第123页）

词语

1. 律师	lǜshī	（名）	lawyer; solicitor; attorney
2. 中介	zhōngjiè	（名）	medium
3. 租期	zūqī	（名）	leasing period
4. 租金	zūjīn	（名）	rent payable by lessee to lessor
5. 押金	yājīn	（名）	deposit; cash pledge
6. 添置	tiānzhì	（动）	add to one's possessions
7. 催	cuī	（动）	hasten; hurry
8. 商议	shāngyì	（动）	discuss

9. 承受	chéngshòu	（动）	bear; sustain	
10. 租赁	zūlìn	（动）	rent; lease; hire	
11. 违约	wéi yuē	（动）	break a contract; violate a treaty	
12. 起诉	qǐsù	（动）	sue; prosecute	
13. 纠纷	jiūfēn	（名）	dispute; knot	
14. 调解	tiáojiě	（动）	mediate; make peace	
15. 公章	gōngzhāng	（名）	official seal	
16. 变更	biàngēng	（动）	change; transform	
17. 协商	xiéshāng	（动）	consult; talk things over	
18. 中止	zhōngzhǐ	（动）	break; interrupt; discontinue	
19. 仲裁	zhòngcái	（动）	arbitration	
20. 误工	wù gōng	（动）	delay one's work	

一、听录音，选择正确的答案：

1. 女士第二次与房东签合同是什么时候？
   A. 去年 2 月　　　　　　　　B. 今年 2 月
   C. 今年 3 月　　　　　　　　D. 今年 12 月

2. 合同上女士的房租每个月是多少钱？
   A. 2000 元　　　　　　　　　B. 4000 元
   C. 5000 元　　　　　　　　　D. 12000 元

3. 女士和房东的纠纷是什么？
   A. 是否续签合同　　　　　　B. 月租金涨多少钱
   C. 房东要提前解除合同　　　D. 赔偿多少钱

4. 女士听了男士的建议后打算怎么办？
   A. 继续与房东协商　　　　　B. 找中介公司调解
   C. 申请仲裁　　　　　　　　D. 向法院起诉房东

5. 女士的哪一条要求是不恰当的？
   A. 继续履行合同　　　　　　B. 赔偿精神损失费
   C. 赔偿女士误工费　　　　　D. 减少房租

二、听录音，填空：

1. 女士通过_____公司与房东签订了租房合同，合同到明年_____到期。

2. 房东以_____为由，要求女士房租每月涨_____元。

3. 律师认为房东的行为是_____方面变更合同的行为，要承担_____责任。

第六课　互惠互利

三、熟读下面的句子：
1. 今天我来主要是想就租房子时遇到的一些问题向您咨询一下。
2. 这么高的房租我很难承受。
3. 房东以物价上涨为由，要求每月房租上涨500元的行为应该算是变更合同的行为。
4. 房东在没有取得双方协商一致的情况下，单方面的中止合同是要负违约责任的。
5. 你可以要求房东赔偿你因为此事造成的误工费，赔偿精神损失在法律上没有依据。
6. 要是申请仲裁的过程中有什么问题我再向您请教。

读一读

外贸合同书（易货）

合同号：S9860　　　签约日期：2009年2月16日　　　签约地点：广州
卖方：中国广利公司（以下简称甲方）　　买方：英国HT公司（以下简称乙方）
甲乙双方本着平等、自愿、公平、互惠互利和诚实守信的原则协商一致，订立合同如下：

第一条　合同对象
甲方卖出、乙方购入商品为广利牌精品袋装红茶2000千克。商品品质和数量见本合同附件清单No.1。该清单是本合同不可分割的组成部分。

第二条　价格
在清单No.1中所载明的商品价格，以美元计价。本合同总金额为160,000元（大写：拾陆万圆整）。此价格包括商品运抵英国港口的一切费用，包括在英国境外预付的包装、标记、保管、装运、保险的费用。

第三条　品质
本合同所售货物为凭样交货，品质应符合双方所确认的样品。商品质量以售方国家商品检验局出具的品质证明书证明。

第四条　供货期
商品应在卖方银行通知保兑的、与第二条所列金额相符的有效信用证时起60天内从广州起运。在征得乙方同意的情况下，甲方有权按双方商妥的数量和金额提前交货。

第五条　包装和标记
商品包装应符合规定的标准和技术条件，保证货物在运输过程中完好无损。每个货箱均应用防水颜料在箱体的三面用英、中两种文字书写以下标记：合同号、收货人、箱号、毛重、净重。

第六条　支付

买方应在本合同签订后 20 个工作日内开立以卖方为受益人、不可撤销的信用证。该信用证的总金额在合同第二条中载明，其有效期至少 90 天。以信用证付款凭卖方向银行提交以下单据进行：发票、运输单、包装单一式三份；本合同副本；品质证明书一份。

第七条　商品的交接

所有商品应由双方认可的检查人员进行数量和品质检查。检查人员的结论是最终结论，买卖双方不得对此有争议。所有运抵的商品如果没有以适当的方式拒收或退回，都被认为买方已经接收。

第八条　保证和索赔

卖方在提供的商品投入使用之后 12 个月内保证商品质量，但不超过供货之日起 18 个月。对货物品质的异议应在发现缺陷后 3 个月内提出。如商品在保证期内出现缺陷，供货一方应排除缺陷或更换有缺陷的部分并负担费用。

商品运到时，买方有权就商品的数量和质量不合格向卖方提出索赔。买方索赔函用挂号信寄给卖方。

第九条　发货通知

甲方应在发货后 10 天内以电传向乙方通知有关货物自生产厂发运的情况，并注明发运日期、合同号、件数、毛重和运单号。

如违反本合同规定的货物抵达期限，卖方应向买方支付罚金，罚金数额规定如下：

在最初三周内每过期一个日历周支付未交商品总金额的 1%；以后每过期一个日历周支付未交商品总金额的 2%，但罚金总额不能超过未交商品总金额的 15%。

第十条　仲裁

由本合同所产生或与本合同有关的一切纠纷，应尽可能通过双方谈判解决。如双方不能达成协议，可提交被告国对外贸易仲裁机关审理。

第十一条　不可抗力

双方任何一方发生不可抗力情况（如火灾、自然灾害、战争、各种军事行动、禁止进出口或不以双方意志为转移的其他情况），使本合同全部或部分义务无法履行时，履行本合同义务的期限可相应推迟，在此期间合同义务仍然有效。

如果不可抗力情况持续 30 天以上，其中一方有权通知另一方免除继续履行合同义务，此时任何一方无权向对方提出补偿可能的损失。无法履行本合同义务方应将不可抗力情况发生和结束及影响合同义务履行情况立即通知对方。不可抗力发生和持续的时间应以售方或购方有关商会出具的证明书证明。

第十二条　其他条件

任何一方在没有征得另一方书面同意的情况下不得将自己对本合同的权利和义务转让给第三者。对合同的一切修改和补充意见只有以书面形式形成并经双方签字后才有效。

甲方签字：　　　　　　　　　　　　　　　　乙方签字：

第六课　互惠互利

词语

1.	卖方	màifāng	（名）	the selling party
2.	买方	mǎifāng	（名）	the buying party (of a contract, etc.)
3.	公平	gōngpíng	（形）	unbiased; equitable; impartial
4.	精品	jīngpǐn	（名）	elaborate works
5.	附件	fùjiàn	（名）	accessories; attachment
6.	清单	qīngdān	（名）	detailed list
7.	计价	jìjià	（动）	valuation
8.	标记	biāojì	（名）	sign; symbol; mark
9.	毛重	máozhòng	（名）	gross weight
10.	净重	jìngzhòng	（名）	suttle
11.	受益人	shòuyìrén		beneficiary
12.	撤销	chèxiāo	（动）	draw back; cancel
13.	副本	fùběn	（名）	duplicate; transcript; copy
14.	争议	zhēngyì		dispute
15.	退回	tuìhuí		return; give (send) back
16.	缺陷	quēxiàn	（名）	defect; draw back; flaw; short coming
17.	合格	hégé	（形）	qualified; up to standard
18.	发货	fā huò	（动）	send out goods
19.	罚金	fájīn	（名）	fine; forfeit
20.	谈判	tánpàn	（动）	negotiate; talk
21.	审理	shěnlǐ	（动）	try; bring to trial
22.	不可抗力	bùkěkànglì		force of majeure
23.	免除	miǎnchú	（动）	exempt; prevent; excuse
24.	补偿	bǔcháng	（动）	compensate; make up
25.	签字	qiān zì	（动）	sign

句型

1. 在征得乙方同意的情况下,甲方有权按双方商妥的数量和金额提前交货。
   "在……下"表示一定的情况、条件等。

   > 例:(1) 在承租人未经房东同意把房屋转租给他人的情况下,房东有权单方面中止合同。
   > (2) 在离婚诉讼中,无过错方在遭受家庭暴力的情况下有权要求赔偿。
   > (3) 这份合同是在董事长不知道的情况下签订的,所以我认为是无效的。
   > (4) 她现在非常生气,在这种情况下,最好先别谈合作的事情。

   练习:用括号中的词语完成对话:
   A:员工可以拒绝加班吗?
   B:_____。(在……情况下)

2. 买卖双方不得对此有争议。
   "不得"用在动词前面,表示不可以或不能够。

   > 例:(1) 新《劳动法》规定,招聘广告不得写"薪酬面议"。
   > (2) 会议结束以前,你不得离开这个工作岗位(post)。
   > (3) 政府规定,暴力(force)色情(pornographic)内容不得在网上传播。
   > (4) 按照合同约定,卖方交货时间不得晚于11月30日。

   练习:用括号中的词语完成对话:
   A:这次作文考试有什么要求?
   B:_____。(不得)

☆练习☆

一、根据合同内容判断正误:

1. 除了合同金额外,买方需另付海运费。　　　　　　　　　　(　　)
2. 买方签合同前已经验看了红茶样品。　　　　　　　　　　　(　　)
3. 卖方既不能延迟交货也不能提前交货。　　　　　　　　　　(　　)
4. 签订合同后,卖方应该在80天内把货物从广州装船运出。　　(　　)
5. 买卖双方可以对交货检查人员的检查结果提出异议。　　　　(　　)
6. 只要商品开始使用后一年内出现质量问题,卖方都有责任更换并承担费用。　　　　　　　　　　　　　　　　　　　　　　　(　　)
7. 如果买方投诉卖方不履行合同,应该提交英国仲裁机构审理。(　　)
8. 如果卖方因不可抗力不能交货,应该赔偿买方损失。　　　　(　　)

二、根据合同内容回答问题:

1. 买卖双方交易的商品是什么?
2. 卖方应该在货箱上怎么书写标记?

第六课 互惠互利

3. 双方约定什么样的付款方式？
4. 卖方应该向银行提交几份运输单？
5. 卖方供货后多长时间内要保证商品质量？
6. 如果卖方晚交货一个星期，应该付多少罚金？
7. 如果买方要求索赔，应该以什么方式寄索赔函？
8. 如果一方因不可抗力而不能履行合同，谁证明才有效？

三、从方框中找出合适的词语改说句子：

> 载明　互惠互利　凭样交货　完好无损　拒收　副本　受益人　罚金

1. 我公司是本着对双方都有好处的原则到中国来寻找合作伙伴的。
2. 这批货物的包装和运输绝对没有问题，我方保证送抵贵方港口的货物一点儿损坏也没有。
3. 公司关于年终奖的规定在员工手册中已经说得很清楚了。
4. 他开车超速，所以警察为了惩罚他让他交了200块钱。
5. 这次交易我方希望先看看样品，然后请厂家完全按照样品的规格提供货品。
6. 那份文件的原件不在我这儿，我只有复印的。
7. 如果他因为意外去世的话，谁可以得到保险公司赔的保险金？
8. 因为货物晚到了一个月，所以对方不愿意接收了。

说一说

一、请把下面签约双方的相关的问答句连起来：

买方	卖方
1. 美元和人民币的汇率不太稳定，我们是不是应该在合同的付款方式中明确一下？	A. 考虑到交货时可能出现的天气原因，第二条第三款规定的装船时间能不能延长三天？
2. 那就按你们说的改吧。不过最好在合同中加一条说明，如果天气正常，还是按原定时间交货。	B. 第二批货数量比较大，11月末交货我们已经是尽最大努力了，实在没办法提前。
3. 我们希望把合同第三条中的装运港改为大连港。	C. 那就以合同签订当天的汇率为基准，你看怎么样？
4. 合同草案中说第一批货10月交，第二批货我们想提前到11月中旬。	D. 很高兴有机会与贵公司合作，我们希望与贵公司建立长期业务关系，这对我们双方都是有利的。
5. 暂时没有其他意见了，等我回去向总部汇报后，明天把修改好的合同发给您，就可以签约了。	E. 能否把第三条支付方式订正一下，我们习惯电汇方式。
6. 就合同双方要承担的义务方面，我们没有什么意见。不过索赔条款内容是不是可以更详细些？	F. 对于这份合同草案，贵方还有什么异议吗？您看什么时候可以签约？
7. 这是我们共同的愿望。此次合作使我们在业务上有了良好的开端，我相信只要双方共同努力，一定会有一个美好的前景。	G. 现在定的上海港虽然远一些，但我们通过高速公路运输反而会更快一些，绝对不会耽误抵达到岸港的时间。
8. 按照国际惯例，信用证方式是最通行的，也是最安全的付款方式。还是不用改了吧。	H. 关于合同草案中的条款，您还有什么问题需要提出来讨论的吗？

二、分角色对话：

背景信息：广州新科公司与杭州同喜公司就下面合同草案中所列的商品买卖事宜已经洽谈了多次，初步达成共识，同喜公司提交了下面这份合同草案。

角色A：新科公司经理
角色B：新科公司总经理
角色C：同喜公司经理

广州市新科贸易有限公司
购货合同(草案)

买方：广州市新科贸易有限公司　　　　合同编号：CZG03-798968
　　　　　　　　　　　　　　　　　　签约时间：2009-9-30
卖方：杭州同喜文教用品有限公司　　　签约地点：广州

一、品名、商标、规格、产地、数量、单价、金额：

货号	品名	数量	单位	单价	金额
p10968	精装礼品钢笔两支一套	600	套	160.00	96000.00
s8996	运动鞋	100	双	300.00	30000.00

总计人民币：(大写)拾贰万陆仟圆整　　　　　　　126000.00

二、验收方法：按样验收。

三、提出异议的时间和办法：品质异议须于货到目的口岸之日起30天内提出，数量异议须于货到目的口岸之日起15天内提出，但均须提供经卖方同意的公证行的检验证明。如责任属于卖方，卖方于收到异议20天内答复买方并提出处理意见。

四、包装要求及费用负担：买方负责　　〔卖方？〕　　〔加：先付30%定金，货到后付70%。〕

五、交货时间：2009年10月20日前于广州　　〔是否提前？〕

六、货款结算：T/T(电汇，Telegraphic Transfer)

七、运输方式及费用承担：严格按照出口要求(要具体说明)

八、合同的变更和解除：任何一方要求变更或解除合同时，应及时通知对方，并采用书面形式由双方达成协议。未达成协议以前，原合同依然有效。当事人一方接到另一方要求变更或解除合同的建议后，应在收到通知之日起2到5天内做出答复，逾期不做答复的，即视为默认。

九、合同争议的解决方式：本合同在履行过程中发生的争议，由双方当事人协商解决，协商不成的，依法向需方所在地法院提出诉讼。

十、违约责任：卖方延迟交货一天罚款总价款1%；买方延迟付款一天需缴滞纳金1%。　　〔最多不超过20%。索赔？〕

十一、本合同正本一式两份，买方一份，卖方一份，均具有同等法律效力。

〔增加"保险"条款？〕

第六课　互惠互利

任务1：A根据上面合同草案中的内容向B汇报洽谈结果,包括取得的成果和没有解决的问题,请总经理审查合同草案。

任务2：B听了A的汇报后提出自己对合同的修改意见并说明理由(上面合同中画线部分内容是需要修改的)。A在合同上记下修改意见。

任务3：A根据B的修改意见与C进行协商并修改合同。

写一写

根据下面两家公司所达成的协议内容和外贸销售合同样本写一份合同草案：

> 利达公司向四海公司订购一批电器,21英寸纯平彩电100台,900元/台;1.5P分体式空调200台,1900元/台；预付定金20万元,3月20日到厂提货。货到一周内通过银行转账方式付清全部款项。如发生争议,双方协商解决。

购货合同书(样本)

甲方(买方)：
乙方(卖方)：
一、产品名称、规格型号、单位、数量、金额
二、质量要求及技术标准
三、交(提)货地点、方式
四、运输方式及费用负担
五、包装
六、验收标准及提出异议期限
七、结算方式及期限
八、争议解决
九、其他

本合同一式两份,甲乙双方各持一份。自双方签字盖章后生效。

甲方法人代表(签字)：　　　　　　乙方法人代表(签字)：
委托人(签字)：　　　　　　　　　委托人(签字)：
电话：　　　　　　　　　　　　　电话：
　年　月　日　　　　　　　　　　　年　月　日

新丝路——高级速成商务汉语 II
XINSILU GAOJI SUCHENG SHANGWU HANYU II

综合运用

一、浏览下面网站中不同种类合同范本,选择一种合同(如"劳动合同")仔细阅读后,在班里报告这类合同主要包括哪些条款。

1. http://www.fanben.cn/

2. http://www.chinalawedu.com/hetong/index.html

第六课 互惠互利

二、参考本课"说一说"二中讨论的合同草案和讨论结果,广州新科公司和杭州同喜公司顺利签订了合同,你作为新科公司或者同喜公司的总经理在签约仪式结束后的庆祝宴会上发言,主要内容包括:

1. 向对方公司和参加洽谈的人员表示感谢
2. 简要说明洽谈和签约过程
3. 希望双方长期合作

商务背景知识链接

一、贸易合同中的常用语

1. C & F, c.&f.(cost & freight)成本加运费价
2. T/T(telegraphic transfer)电汇
3. D/P(documents against payment)付款交单
4. DA(documents against acceptance)承兑交单
5. DOZ/DZ(dozen)一打
6. G.W.(gross weight)毛重
7. N.W.(net weight)净重
8. C/D (customs declaration)报关单
9. P/L (packing list)装箱单、明细表
10. INV (invoice)发票
11. S/M (shipping marks)装船标记
12. L/C (letter of credit)信用证
13. B/L (bill of lading)提单
14. FOB (free on board) 离岸价
15. CIF (cost, insurance &freight)到岸价(成本、保险加运费价)

二、信用证

1. 信用证是银行用以保证买方或进口方有支付能力的凭证。

在国际贸易活动中,买卖双方可能互不信任,买方担心预付款后,卖方不按合同要求发货;卖方也担心在发货或提交货运单据后买方不付款。因此需要两家银行作为买卖双方的保证人,代为收款交单,以银行信用代替商业信用。

信用证是银行有条件保证付款的证书,成为国际贸易活动中常见的结算方式。按照这种结算方式的一般规定,买方先将货款交存银行,由银行开立信用证,通知异地卖方开户银行转告卖方,卖方按合同和信用证规定的条款发货,银行代买方付款。

新丝路——高级速成商务汉语 II
XINSILU GAOJI SUCHENG SHANGWU HANYU II

2. 信用证的部分种类

revocable L/C / irrevocable L/C 可撤销信用证 / 不可撤销信用证
confirmed L/C / unconfirmed L/C 保兑信用证 / 不保兑信用证
sight L/C / usance L/C 即期信用证 / 远期信用证
transferable L/C(or)assignable L/C(or)transmissible L/C / untransferable L/C 可转让信用证 / 不可转让信用证

3. 信用证有关各方名称

opener 开证人	negotiation bank 议付行
beneficiary 受益人	paying bank 付款行
drawer 出票人	reimbursing bank 偿付行
advising bank 通知行	the confirming bank 保兑行
opening bank 开证行	

三、相关网站

http://www.cg160.com/lct/mylc.htm#1

第七课

诚信为本　和气生财
―― 客户服务

课　文

以客户为中心

当产品短缺时，人们只要买到就行了；当产品丰富时，人们就会选择价廉物美的；当产品质量、价格都差不多时，人们就会选择服务最好的。市场环境的巨变改变了企业的经营哲学，开始从"以产品为中心"转变为"以客户为中心"。没有人想做一锤子买卖，企业正逐渐了解到，拥有客户要比拥有产品、工厂或设备更有价值。

质量第一
客户第一
服务第一

从短期来看，企业常常可通过高压式的推销手法来赚到更多的钱。为了尽快成交，许多销售人员常常会言过其实。但这往往会导致客户失望、客户流失率增加及高昂的新客户开发成本。众所周知，争取一个新客户的成本是保留一个老客户的5倍。

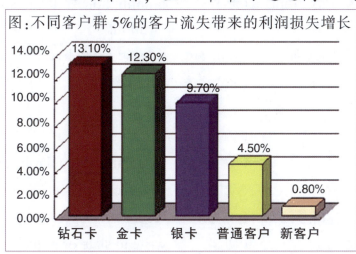

图：不同客户群5%的客户流失带来的利润损失增长

- 钻石卡 13.10%
- 金卡 12.30%
- 银卡 9.70%
- 普通客户 4.50%
- 新客户 0.80%

在激烈的商业竞争

中,越来越多的企业把重心放在了客户服务质量上。随着"以产品为中心"到"以客户为中心"的转变,"客户"已经取代产品种类和价格成为企业间竞争的焦点,如何去提高客户的满意度、保证客户的忠诚度、发现和保持客户已成为企业生存和发展的关键。企业提供的产品越来越多,相应的服务规模和服务内容也迅速增加,除了为客户提供24小时服务热线以外,还通过传真、E-mail、手机短信、信函、定期回访等多种方式及时反馈客户的意见和建议,为客户提供信息咨询、投诉、维修服务,解决客户疑难。对现代化企业而言,为客户提供快速、高效、专业化的优质服务,是赢得客户最重要的手段,也是企业在竞争中立于不败之地的重要因素。

词 语

1.	诚信	chéngxìn	(形)	honest
2.	和气	héqi	(形、名)	attitude of amiability; soft-spoken
3.	价廉物美	jiàliánwùměi		be of fine quality and low price
4.	哲学	zhéxué	(名)	philosophy
5.	一锤子买卖	yìchuízi mǎimai		one-shot deal
6.	高压	gāoyā	(名)	high pressure; coercion
7.	言过其实	yánguòqíshí		exaggerate overstate; be more apparent than real
8.	高昂	gāo'áng	(形)	high-priced; expensive
9.	众所周知	zhòngsuǒzhōuzhī		as everyone knows
10.	取代	qǔdài	(动)	displace; substitute; replace
11.	焦点	jiāodiǎn	(名)	focus
12.	忠诚	zhōngchéng	(形)	faithful; honest; loyal; staunch; truthful
13.	生存	shēngcún	(动)	subsist; exist; live
14.	热线	rèxiàn	(名)	hot line
15.	传真	chuánzhēn	(名)	fax
16.	信函	xìnhán	(名)	letter
17.	定期	dìngqī	(动、形)	fix a date; at regular intervals
18.	回访	huífǎng	(动)	pay a return visit
19.	反馈	fǎnkuì	(动)	feedback
20.	投诉	tóusù	(动)	write to state or request

第七课　诚信为本　和气生财

21. 维修　　wéixiū　　（动）　　maintain
22. 手段　　shǒuduàn　　（名）　　means; method

句型

1. 从"以产品为中心"转变为"以客户为中心"。
   "从 A 转变为 B"意思是从 A 这种情况变成 B 这种情况。

   > 例：(1) 经过努力学习,他从一个普通工作人员成功转变为技术专家。
   > (2) 这个讲座的主要内容是告诉大家怎样通过市场把知识转变为财富。
   > (3) 中国房地产产业已从卖方市场(seller's market)转变为买方市场(buyer's market)。
   > (4) 公司重视客户服务质量以后,客服部开始从"讨厌投诉"转变为"欢迎投诉"。

   练习：用括号中的词语完成对话：
   　　A：我们旅行社现在主要做商务旅行,可我觉得以后休闲旅行的市场更大,你认为呢?
   　　B：_____。(从……转变为……)

2. 没有人想做一锤子买卖。
   "一锤子买卖"比喻只做一次的生意,不考虑以后的合作。

   > 例：(1) 许多旅游景点的高价门票做的是一锤子买卖。
   > (2) 中欧贸易不是一锤子买卖,所以中国企业一定要重视产品质量。
   > (3) 靠做一锤子买卖是发不了财的。
   > (4) 不要以为产品卖出去了就成功了,那是一锤子买卖。

   练习：用括号中的词语完成对话：
   　　A：饭店开业一个星期了,老这么打折优惠,一点儿也不赚钱怎么行呢?
   　　B：_____。(一锤子买卖)

3. 越来越多的企业把重心放在了客户服务质量上。
   "把重心放在……上"意思是"把重心放在……方面"。

   > 例：(1) 走路时有意识地把重心放在脚后跟上可以减肥。
   > (2) 妈妈把生活重心全部放在了照顾孩子上。
   > (3) 我公司计划明年把工作重心放在广告宣传上。
   > (4) 总经理认为客户服务工作要把重心放在服务态度上。

练习：用括号中的词语完成对话：
A：我们的资金有限，不可能同时研发手机和电脑两种新产品，你得确定重点。
B：_____。（把重心放在……上）

4. "**客户**"已经取代产品种类和价格成为企业间竞争的焦点。
"A 取代 B 成为……"意思是"以前 B 是……，现在 A 代替了 B 成为……"。

> 例：(1) 汽车开始取代自行车成为中国最重要的交通工具。
> (2) 联想(lenovo)已取代戴尔(DELL)成为 NBA 官方 PC 合作伙伴。
> (3) 公司新推出的新款手机已经取代 A 款手机成为市场最受欢迎产品。
> (4) 据说，欧元将取代美元成为发行量最大的币种。

练习：用括号中的词语完成对话：
A：你觉得和电视媒体相比，网络媒体的广告业务发展趋势会怎么样？
B：_____。（……取代……成为……）

 ☆练习☆

一、理解"效"和"诚"两个字的意思，联想组词，可以查词典：

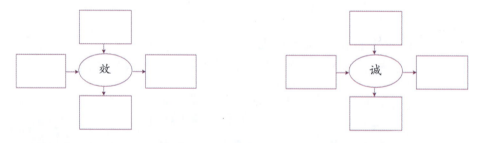

二、选词填空：

> 言过其实　　流失　　高昂　　众所周知　　焦点
> 回访　　反馈　　投诉　　维修

1. 据调查，只有23%的人会在不满意的时候向离他们最近的员工(　　)。
2. 公司一定要认真调查分析顾客(　　)的原因。
3. 很多推销员因为(　　)而失去了客户的信任。
4. 消费中出现问题，请及时向我们的客户服务部(　　)相关情况。
5. 企业应及时对客户进行(　　)，了解客户在享受服务的过程中有哪些不满意的地方。
6. 这种产品销售不佳的主要原因在于价格(　　)。
7. 今天会议争论的(　　)集中在售后服务质量上。
8. (　　)，接待客户要注意沟通技巧。
9. 公司将派专业人员上门(　　)故障产品。

第七课　诚信为本　和气生财

三、把互相可以搭配的词语连线：

争取　　　　　　经营哲学
解决　　　　　　服务热线
改变　　　　　　新客户
提供　　　　　　疑难
商品　　　　　　高昂
成本　　　　　　短缺
竞争　　　　　　意见
反馈　　　　　　激烈

四、参考括号里的词语完成对话：

1. A：现在成功企业的经营哲学是什么？
   B：_____。（转变　一锤子买卖）
2. A：销售人员言过其实会有什么样的结果？
   B：_____。（成交　流失）
3. A：你认为新客户和老客户中哪一个对企业更重要？
   B：_____。（成本　价值）
4. A：你认为企业生存和发展的关键是什么？
   B：_____。（取代　把重心放在……上）
5. A：客户服务的内容一般包括哪些方面？
   B：_____。（通过　提供）

听一听　（录音文本见本书第 124 页）

词语

1. 网上购物	wǎngshàng gòuwù		network retailer
2. 售后服务	shòuhòu fúwù		after-sales service
3. 订购	dìnggòu	（动）	order; place an order for
4. 宣传册	xuānchuáncè	（名）	introductory book
5. 大礼包	dàlǐbāo		gift package
6. 送货	sòng huò	（动）	deliver goods
7. 签收	qiānshōu	（动）	sign in
8. 实物	shíwù	（名）	real object
9. 质地	zhìdì	（名）	quality; texture
10. 次品	cìpǐn	（名）	substandard products

11. 让利	ràng lì	（动）	discount for customer
12. 随机	suíjī	（副、形）	random
13. 提前	tíqián	（动）	in advance; beforehand; ahead of time
14. 人为	rénwéi	（动、形）	do (make) by person
15. 占便宜	zhàn piányi		gain extra advantage by unfair means
16. 配置	pèizhì	（动）	collocate
17. 农场	nóngchǎng	（名）	farm
18. 退货	tuì huò	（动）	goods rejected

一、根据录音内容选择正确的答案：

1. 男士打电话的原因是什么？
   A. 订购的玩具送错了地方
   B. 送货时间太晚了
   C. 玩具实物和宣传的不一样
   D. 想再订购别的产品

2. 男士想要什么样的玩具？
   A. 颜色鲜艳的动物拼图　　B. 有五样玩具的大礼包
   C. 和宣传图一样的刀锤拼图　D. 有三样玩具的大礼包

3. 男士收到的玩具：
   A. 是次品　　　　　　　B. 是降价促销产品
   C. 只有一种图案　　　　D. 比较适合女孩子玩儿

4. 女士怎么看待男士的问题？
   A. 是一个很重要的问题　B. 男士占了便宜
   C. 应该给男士免费退货　D. 没什么大不了的

5. 出现问题的原因是什么？
   A. 玩具公司配置错误　　B. 佳佳购物发错了货
   C. 宣传画印刷错误　　　D. 送货人送错了货

6. 男士最后决定怎么办？
   A. 算了　　B. 换货　　C. 退货　　D. 再买一个

二、结合下面提示的客服人员应有的素质，你认为录音中那家企业的客服代表在售后服务过程中是否存在问题，存在什么样的问题？

第七课　诚信为本　和气生财

一个合格的客服人员应该包括这样几方面的素质：
1. 了解企业所经营的产品
2. 要站在客户的立场上考虑问题
3. 不使用批评、指责、讽刺言语与客户交流
4. 对客户诚心诚意地道歉
5. 真心感谢客户对于公司的支持
6. 提出积极有效的解决方法

读一读

空调服务质量问题

随着空调销售旺季的到来，各地消协接到的有关空调服务质量的投诉也与日俱增，其中安装过程中偷工减料、以次充好更以31%的比重位居服务问题榜首，其次分别为没有服务、维修质量差、服务人员态度不好及其他。

还有消费者指出，空调服务存在乱收费现象，如安装费用、安装配件费用还需单独支付。有的空调服务利用消费者对"保修"和"包修"的无差异理解，做出主要零部件"保修"10年的服务承诺，在消费者理解的"包修"期内索取"保修"费用。但事实上，"包修"是不需要费用的，而"保修"则有时候要由消费者来支付费用。

在反映服务问题的同时，90%的问题空调拥有者反映产品质量存在缺陷，其中制冷、制热效果差仍是反映最多的一项，占总数的31%；其次为噪音大，占26%。各地消协有关这方面的投诉也不断增加。造成这类问题的主要原因在于空调产品本身质量不过关以及缺少定期检修保养服务。此外，有50%的消费者反映，空调市场存在虚假宣传现象，其中主要包括服务质量虚假宣传、产品性能虚假宣传、价值价格不符等。

所谓服务质量虚假宣传是指承诺满意服务、承诺几年免费包修、承诺按时送货、承诺免费安装等，其后却没有兑现的宣传。

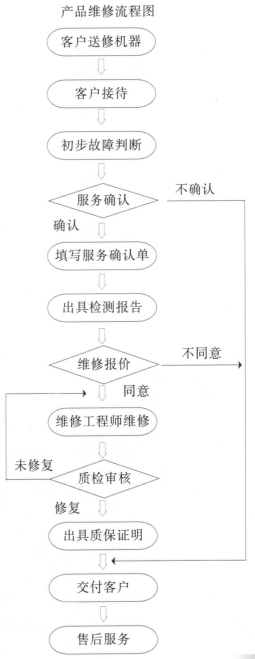

产品维修流程图

新丝路——高级速成商务汉语 II
XINSILU GAOJI SUCHENG SHANGWU HANYU II

词语

1.	消协	xiāoxié		Consumers Association
2.	与日俱增	yǔrìjùzēng		multiply daily
3.	安装	ānzhuāng	（动）	install; fix
4.	偷工减料	tōugōngjiǎnliào		scamp work and stint materials
5.	以次充好	yǐcìchōnghǎo		shoddy
6.	配件	pèijiàn	（名）	fittings (of a machine, etc.)
7.	保修	bǎoxiū	（动）	maintenance; warranty
8.	包修	bāoxiū	（动）	guarantee to keep sth. in good repair
9.	索取	suǒqǔ	（动）	ask for; exact; demand
10.	制冷	zhìlěng	（动）	refrigeration
11.	反映	fǎnyìng	（动）	reflect; report
12.	噪音	zàoyīn	（名）	noise
13.	过关	guò guān	（动）	pass a barrier; pass a test
14.	保养	bǎoyǎng	（动）	conserve one's health; take care of; maintain
15.	虚假	xūjiǎ	（形）	false; sham
16.	现象	xiànxiàng	（名）	phenomenon
17.	性能	xìngnéng	（名）	function; performance
18.	兑现	duìxiàn	（动）	honour a commitment; fulfil; encash

句型

1. 各地消协接到的有关空调服务质量的投诉也与日俱增。

"有关……"意思是"和……有关系、涉及到……"。

> 例：(1) 这些都是有关这次软件博览会的资料。
> (2) 今天我们主要讨论了几个与环境保护有关的问题。
> (3) 有关我公司产品有质量缺陷的报道是虚假新闻。
> (4) 今天我来参加这个会并不是要跟大家谈有关企业管理的问题。

练习：用括号中的词语完成对话：

A：总经理找你去有什么事吗？

B：_____。（有关）

98

第七课　诚信为本　和气生财

2. 在反映服务问题的同时,90%的问题空调拥有者反映产品质量存在缺陷。
   "在A的同时,B"表示A和B在同一个时候出现或进行。

   > 例：(1) 他每个暑假都做志愿者,在帮助别人的同时也提高了自己的能力。
   > (2) 这款新手机的免提功能可以实现用户在打电话的同时发短信。
   > (3) 我公司在销售汽车的同时,无偿为客户代办保险费。
   > (4) 在发展经济的同时要时刻注意防止腐败(corrupt)。

   练习：用括号中的词语完成对话：
   A：新建筑改用太阳能有什么好处？
   B：_____。(在……的同时)

3. 造成这类问题的主要原因在于空调产品本身质量不过关以及缺少定期检修保养服务。
   "原因在于……"意思是"原因是……","于"也表示在某方面。

   > 例：(1) 产品卖不出去的原因在于产品品质和价格。
   > (2) 房价过快上涨的基本原因在于供应不能满足需求。
   > (3) 学好一种语言关键在于兴趣和方法。
   > (4) 高新技术企业最大的特点在于其较强的创新能力。

   练习：用括号中的词语完成对话：
   A：为什么最近汽车的价格不断下降？
   B：_____。(原因在于)

 ☆练习☆

一、把互相可以搭配的词语连线：

位居	空调
兑现	赔偿
反映	缺陷
安装	榜首
支付	承诺
索取	问题
存在	费用

二、从方框中找出与句子中画线部分词义相同的词语：

> 销售旺季　与日俱增　位居榜首　乱收费
> 包修　定期检修　零部件　质量不过关

1. 中国的经济影响力<u>一天比一天大</u>。
2. 有家长反映有些学校<u>随便多收学费</u>。
3. 修理厂说我的汽车有一些<u>零件和部件</u>必须要更换了。

4. 汽车要每过一段时间进行一次检查修理。
5. 五六月份是夏季服装卖得最好的时候。
6. 低于6000元的笔记本电脑有一半以上在质量检查时没有通过。
7. 我们的产品一年内可以免费修理。
8. 亚太笔记本销售量排名中,IBM排在了第一位。

三、参考括号里的词语完成对话：

1. A：空调服务质量投诉一般是哪些问题？
   B：＿＿＿＿＿＿＿＿＿＿＿＿＿。（有关 榜首 其次）
2. A：空调服务乱收费主要表现在哪些方面？
   B：＿＿＿＿＿＿＿＿＿＿＿＿＿。（反映 利用）
3. A：除了服务问题意外,空调质量问题严重吗？主要是哪些问题？
   B：＿＿＿＿＿＿＿＿＿＿＿＿＿。（在……的同时 占）
4. A：空调为什么会存在这些质量问题？
   B：＿＿＿＿＿＿＿＿＿＿＿＿＿。（原因在于 存在 缺少）
5. A：什么叫服务质量虚假宣传？
   B：＿＿＿＿＿＿＿＿＿＿＿＿＿。（所谓 兑现）

说一说

一、两个人一组,分别扮演投诉的顾客和优秀的客服代表,模拟前面"听一听"的情景重新设计对话,使客户的问题得到满意的解决。

二、阅读某公司的移动电话机维修更换退货规定,完成下面的对话：

移动电话机商品维修更换退货规定

购机时间	维修服务	换新机	退机
(0—7)天,出现"三包"范围故障	可享受保修服务	凭有效购机发票和保修卡,经销商为用户更换同型号同规格新机。	凭有效购机发票和保修卡,经销商为消费者按发票面额一次性全额退款。
(8—30)天,出现"三包"范围故障	可享受保修服务	凭有效购机发票和保修卡,经销商应为用户更换同型号同规格新机	
三包有效期第1月—12月	可享受保修服务。保修期的计算:若不能提供任何有效凭证,将凭借"保修数据库"查询结果决定保修期或根据生产日期推算,即:生产之日后的90天算为购机之日。	出现"三包"范围内故障经两次维修以上仍不能正常工作的,凭保修卡中维修者提供的维修记录,购机处销售商应为消费者更换同型号同规格产品。	符合换货条件,并且销售者有同型号同规格移动电话机商品,消费者不愿意调换而要求退货的,销售者应予以退货,但对于使用过的商品应当按价款每日0.5%的折旧率收取折旧费。

第七课　诚信为本　和气生财

服务人员：您好！这里是波导维修部,有什么需要我为您做的吗?
顾客：我大概两个月前在你们的专卖店买了一款手机,最近老是出现自动关机的现象,我觉得这款手机质量有问题。
服务人员：_____?
顾客：我有购机发票和保修卡。
服务人员：_____。
顾客：其实,你们的维修人员已经来修过一次了,当时好了,结果过了一天就又坏了。所以我不想修了,我想退货。
服务人员：_____。
顾客：那好吧,我明天下午有空儿,要是这次还修不好的话,怎么办呢?
服务人员：_____。
顾客：那就这样吧。
服务人员：很抱歉给您带来很多不便。有什么问题,欢迎您随时与我们沟通,一周后,我们还会对您进行电话回访,您不要着急,您的问题我们一定会妥善解决的。

写一写

你是某公司客户服务部经理,收到了一封顾客的投诉索赔信,请就信中提到的问题给这位顾客回一封电子邮件。

> 华天公司客户服务部：
> 　　我于本月9号购买了贵公司的一款升降衣架,是贵公司业务员上门安装的。今天衣架却无故掉了下来,砸伤了我的孩子。我认为这是安装质量差造成的。我要求退货并赔偿我的损失。
> 　　请尽快答复!
> 　　　　　　　　　　　　　　　　　　　　　　　顾客:张女士

回信内容提示：
1. 感谢顾客选择本公司产品
2. 对出现的问题表示歉意
3. 表示对事故要做调查
4. 根据调查结果提出解决办法

综合运用

一、下图是波导手机公司的"5S"温馨服务示意图。你是这家公司的客服经理，在客户服务中心的内部会议上，结合客户服务在企业中的战略(strategy)地位，向你的员工阐述"想你的365天"这一服务理念。

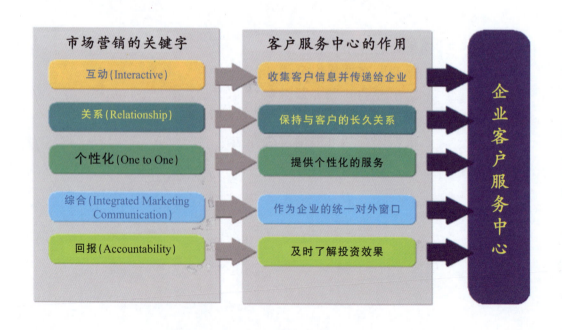

第七课　诚信为本　和气生财

二、下面是一家电信公司的客户服务热线简介表,仿照表后的例子,以客户服务部经理的身份向顾客介绍公司的服务内容。

号码	客服热线名称	服务项目
10010	客户服务热线	业务咨询、业务受理、投诉回复、用户回访、各类人工服务
10011	话费查询专线	话费查询、密码修改、缴费充值、传真详单
10018	客户俱乐部服务热线	会员基本服务信息查询、特约服务项目查询、特约服务项目受理、其他各类俱乐部服务
13010199999	国际漫游客服热线	业务咨询、投诉处理、紧急服务

例：您好！我公司客户服务中心在全国各地设立了多种功能的服务热线。我们选择了经验丰富、业务熟练的客户服务代表为您提供高效优质的服务,保证您的问题在约定的时限内得到答复,实现对您的服务承诺。

您拨"10011"话费查询专线,按照语音引导进行相应操作,可以了解自己的话费情况。我们还可以根据您的要求,通过短信方式将具体话费情况发到您的手机上。

您拨通"10018"客户俱乐部热线,可以享受到通信、娱乐、旅游、金融、保险、交通等会员(member)服务。……

新丝路——高级速成商务汉语 II

商务背景知识链接

一、商品发票和保修卡

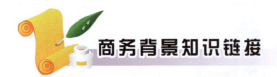

北京增值税专用发票

发票联 国税函〔2008〕562号北京印刷厂

购货单位	名　　称：						
	纳税人识别号：					密码区	
	地址、电话：						
	开户行及帐号：						

货物或应税劳务名称	规格型号	单位	数量	单价	金　额	税率	税　额
办公用品	A470G	箱	2	67.863247863	135.73	17%	23.07
合　　　计					￥135.73		￥23.07
价税合计（大写）		⊗壹佰伍拾捌圆捌角整				（小写）￥158.80	

销货单位	名　　称：		备注
	纳税人识别号：		
	地址、电话：		
	开户行及帐号：		

收款人：　　　　　复核：　　　　　开票人：　　　　　销货单位：（章）

第三联：发票联 购货方记帐凭证

保 修 卡

姓名		性别		合同编号	
联系地址				邮政编码	
联系电话		E-mail			
产品类别	衣柜□　　其他□	产品名称		产品数量	
购买日期	年　　　月　　　日			购买价格	
专卖店名称					

客户签名：

第七课　诚信为本　和气生财

二、中国消费者协会

 http://www.cca.org.cn/

中国消费者协会成立于1984年,1987年9月加入国际消费者联盟组织,成为其正式会员。1993年10月31日,八届人大常委会第三次会议通过了《中华人民共和国消费者权益保护法》,该法确立了消费者的权益和经营者的义务。

根据《中华人民共和国消费者权益保护法》,中国消费者协会及其指导下的各级协会履行以下七项职能:

1. 向消费者提供消费信息和咨询服务;
2. 参与有关行政部门对商品和服务的监督、检查;
3. 就有关消费者合法权益的问题,向有关行政部门反映、查询,提出建议;
4. 受理消费者的投诉,并对投诉事项进行调查、调解;
5. 投诉事项涉及商品和服务质量问题的,可以提请鉴定部门鉴定,鉴定部门应当告知鉴定结论;
6. 就损害消费者合法权益的行为,支持受损害的消费者起诉;
7. 对损害消费者合法权益的行为,通过大众传播媒介予以揭露、批评。

全国工商部门统一的消费者投诉服务专用电话:12315

第八课

不要把鸡蛋放在一个篮子里
—— 投资理财（国债、股市、基金、汇市、楼市）

课文

如何选择一款适合自己的理财产品？

随着近年来全民理财意识的觉醒，百姓逐渐明白一定要打理好自己手中的资产，不再让通货膨胀使自己的资产缩水。但由于每个人所处的年龄阶段和风险承受力不同，选择的投资理财产品也不尽相同。

一、低风险低收益的国债、银行存款、货币型基金

这类理财产品较适合于没有什么风险承受力的投资者，如家庭收入较低者，不能承受由于投资不慎而带来的风险损失。虽然此类投资风险几乎为零，但需承担通货膨胀进一步提高所带来的风险。

二、中低风险、中低收益的银行类理财产品、债券型基金

只有承担了一定的风险才有可能带来相应的投资回报。银行类理财产品分为保证收益和非保证收益的两种，前者是银行按照约定的条件向投资者承诺支付固定收益，银行承担投资风险；后者又分为保本浮动收益和非保本浮动收益理财产品，保本浮动收益是指银行只能保证投资的本金，而不保证投资收益，也就是说可能达到合同中的预期收益率，但收益率也可能为零。而非保本浮动收益则是指银行根据约定条件和实际投资收益情况向客户支付收益，并不保证投资

第八课　不要把鸡蛋放在一个篮子里

者的本金安全，其风险要高于保本浮动收益产品，而实际收益率也可能高于保本浮动收益率。

银行类理财产品通常都会有一个投资期限，银行可以选择提前终止协议，而投资者却无权提前终止。所以投资者会面临临时使用投资资金而无法赎回的风险。

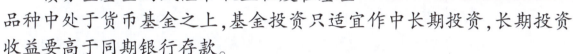

债券型基金的风险和收益程度在基金品种中处于货币基金之上，基金投资只适宜作中长期投资，长期投资收益要高于同期银行存款。

三、中高风险、中高收益的平衡型和股票型基金

根据投资对象不同，基金主要可以分为股票型基金、债券型基金、平衡型基金以及货币市场基金。投资者也可以根据自己的实际情况作恰当的组合，多元化投资，有效地分散投资风险，也就是说"不要把所有的鸡蛋放在同一个篮子里"。

目前股市处于动荡调整阶段，大量资金一次性投入将会带来风险，长期"定期定额"投资方式可分散资金压力和风险。基金定投指的是在一定的投资期间内，投资人定额申购某只基金产品的业务，基金代销机构根据投资人的要求在某一固定期间（以月为最小单位），从投资人指定的资金账户内扣划固定的申购款项。基金定投时间越长，风险就会越小。

四、高风险、高收益的股票、期货投资品种

投资者进行股票投资除了要掌握必要的证券专业知识，还要认清投资环境，把握投资机会。中国股市从2008年5月到11月份的深度调整已经深深地套牢了一批股民，其根本原因就是部分股民只看到股市的赚钱效应而忽视了风险的存在。有句话告诉所有股民：股市有风险、投资须谨慎。

词语

1.	国债	guózhài	（名）	national debt
2.	股市	gǔshì	（名）	stock market
3.	基金	jījīn	（名）	fund
4.	汇市	huìshì	（名）	exchange market

5. 楼市	lóushì	（名）	house market
6. 理财产品	lǐcái chǎnpǐn		financial products
7. 缩水	suōshuǐ	（动）	shrink through wetting
8. 债券	zhàiquàn	（名）	bond
9. 约定	yuēdìng	（动）	agree on; appoint; arrange
10. 浮动	fúdòng	（动）	be unsteady
11. 本金	běnjīn	（名）	capital; principal
12. 终止	zhōngzhǐ	（动）	stop; conclude; close
13. 赎回	shúhuí		ransom
14. 组合	zǔhé	（动、名）	make up; compose; combination
15. 多元	duōyuán	（形）	many entity
16. 动荡	dòngdàng	（动、形）	upturn; turbulence; turbulent
17. 一次性	yícìxìng	（形）	one-off
18. 代销	dàixiāo	（动）	be commissioned to sell sth. usu. as a sideline
19. 扣划	kòuhuà	（动）	deduct and assign; transfer
20. 款项	kuǎnxiàng	（名）	funds; sum of money
21. 期货	qīhuò	（名）	futures
22. 证券	zhèngquàn	（名）	bond; security; negotiable securities
23. 套牢	tàoláo		trapped in (the stockmarket)
24. 股民	gǔmín	（名）	retail investor
25. 效应	xiàoyìng	（名）	effect

句型

1. 债券型基金的风险和收益程度在基金品种中处于货币基金之上。
   "处于"表示处在某种地位或状态。

> 例：(1) 投资专家认为，A股市场仍然处于牛市(bull market)。
> (2) 两国关系处于历史最好时期。
> (3) 这项技术目前还处于起步阶段。
> (4) 那家公司已处于破产(go bankrupt)边缘(fringe; verge)。

练习：用括号中的词语完成对话：

A：你的电脑关机了吗？

B：_____。(处于)

第八课　不要把鸡蛋放在一个篮子里

2. 根据投资对象不同,基金主要可以分为股票型基金、债券型基金、平衡型基金以及货币市场基金。

> 例:(1) 现代饭店根据宾客的特点可分为商务型、长住型、度假型、会议型、休闲型饭店等。根据服务标准又可以分为三星级、四星级和五星级等。
> (2) 根据单证的性质可分为金融单据和商业单据。前者如汇票、支票等,后者如发票、运输单据等。
> (3) 根据货物是否装船,提单可分为"已装船提单"和"备运提单"。
> (4) 事物根据不同的角度和内容可以分为不同的种类。

练习:用括号中的词语完成对话:
　　A:建筑一般有哪些种类?
　　B:_____。(根据……,分为)

☆练习☆

一、理解"券"和"市"两个字的意思,联想组词,可以查词典:

二、填写能与下面名词搭配的动词并造句:

　　___ 风险　_____

　　___ 收益　_____

　　___ 资金　_____

　　___ 机会　_____

三、解释下面术语并举例说明:
　　1. 通货膨胀
　　2. 国债
　　3. 基金
　　4. 多元化投资
　　5. 基金定投
　　6. 套牢

新丝路——高级速成商务汉语 II
XINSILU GAOJI SUCHENG SHANGWU HANYU II

四、银行类理财产品分哪几种,根据课文内容填空并说明这几种产品有什么不同:

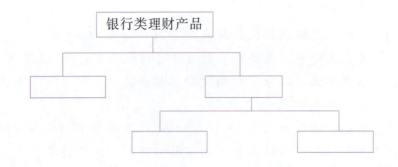

五、根据文章内容回答问题:
1. 为什么近年来中国老百姓对理财的热情不断高涨?
2. 每个人选择理财产品的主要依据有哪些?
3. 银行储蓄有没有风险?有什么样的风险?
4. 银行类理财产品有什么样的风险?
5. 文章为什么建议要选择长期"定期定额"的投资方式?

 听一听 (录音文本见本书第124页)

词 语

1.	炒股	chǎo gǔ	(动)	speculate in stocks
2.	入市	rù shì	(动)	accessing to market
3.	牛市	niúshì	(名)	bull market
4.	熊市	xióngshì	(名)	bear market
5.	证券交易所	zhèngquàn jiāoyìsuǒ		stock exchange
6.	大盘	dàpán	(名)	a stock index
7.	散户	sǎnhù	(名)	retail investor; private investor
8.	外汇	wàihuì	(名)	foreign exchange
9.	积蓄	jīxù	(动、名)	save; accumulate; amass; in stock
10.	暴涨	bàozhǎng	(动)	rise suddenly; soar
11.	抛售	pāoshòu	(动)	sell (stock)
12.	赔	péi	(动)	sustain losses in business
13.	涨幅	zhǎngfú	(名)	raises extent
14.	振荡	zhèndàng	(动)	vibration

110

第八课　不要把鸡蛋放在一个篮子里

15. 升值	shēngzhí	（动）	revalue
16. 热钱	rèqián	（名）	hot money; refugee capital
17. 走势	zǒushì	（名）	trend direction; tendency
18. 庄家	zhuāngjiā	（名）	the banker
19. 绩优股	jìyōugǔ	（名）	potential stock
20. 抄底	chāo dǐ	（动）	bottom fishing
21. 涨停	zhǎngtíng	（动）	daily fluctuation limit
22. 正比	zhèngbǐ	（名）	direct proportion
23. 赌博	dǔbó	（动）	take chances; run risks; gambling
24. 短线	duǎnxiàn	（名）	short line
25. 侥幸	jiǎoxìng	（形）	lucky
26. 长线	chángxiàn	（名）	long line

一、听录音，选择正确答案：

1. 关于老张，不正确的是：
   A. 1997 年就开始炒股了　　B. 专业是经济学
   C. 喜欢坐过山车　　　　　D. 是一个股市散户

2. 关于老张的炒股经历，正确的是：
   A. 赚了大钱　　　　　　　B. 赔了 2 万块钱
   C. 资金全被套牢了　　　　D. 基本上不赔不赚

3. 老张认为目前股市情况怎么样？
   A. 还是大熊市　　　　　　B. 行情不太稳定
   C. 涨势很猛　　　　　　　D. 先涨后跌

4. 老张对小王现在入市是什么态度？
   A. 非常支持　　　　　　　B. 再等一等
   C. 坚决反对　　　　　　　D. 问题不大

5. 老张认为选择买哪只股票要看：
   A. 公司业绩　　　　　　　B. 股票涨幅
   C. 庄家买哪只　　　　　　D. 股票价格

二、再听一遍录音，填空：

1. 关于 1997 年到 2007 年这十年间中国股市的大盘涨跌情况如下：
   1997 年 5 月到年底：_____
   1998—1999 年 5 月：_____
   1999 年底—2001 年初：_____
   2001—2006 年初：_____
   2006—2007 年：_____

2. 股市的涨跌和_____直接相关,现在人民币不断升值,会有大量_____入市,从长远来看,大盘的走势应该是好的。

3. 股市中真正赚钱的以庄家和基金为主,_____只占了3%。

4. 股市赚钱最要注意的是:
   (1) 要有好的_____,不要有_____心理。
   (2) 如果做短线投资,最好设定_____。最好做_____,肯定赚。

读一读

炒股还是炒汇?

对于许多家庭来说,最主要的投资手段无外乎炒股和投资楼市,但目前楼市过热,已使得很多投资者不敢入市。虽然股市连日来屡创新高,但投资者普遍对后市的发展持观望态度,而且过高的股价也使得很大一部分投资者驻足不前。

然而,外汇市场双向交易的模式以及更低的起步资金,使得投资者能更灵活、更便捷地管理自己的交易并能以更低的投资成本实现盈利。

几个月前,中央电视台《经济半小时》在京城3家银行外汇交易场所发放了100份问卷,收回有效问卷80份,在2个证券营业部发放了100份问卷,收回有效问卷90份。调查内容一共有4个:

1. 作为炒汇或者炒股者,你对股市或汇市了解吗?
2. 作为股民或者汇民,你是否赚了钱?收益有多大?
3. 你认为,炒汇与炒股的优势各是什么?
4. 你今后是否考虑加入汇市?

在被访的汇民中,有77%的人了解股市,20%的人曾经有过炒股经历,3%的人既是汇民又是股民,被称为两栖炒民。而在被访的股民中,90%的人不了解汇市,9%的人对汇市略有了解,1%的人参与炒汇。在汇市中,表示赚钱的人有6成,而在股市上,表示赚钱的人只有2成。在汇市赚钱的人中,有65%的人表示收益率在15%左右,有30%的人收益率在20%左右,5%的人收益率能超过30%。在股市赚钱的人中,60%的人收益率在25%左右,39%的人收益率在40%左右,1%的人收益率达到50%以上。

为什么人们选择炒汇呢?在调查中,被访者认为,汇市比起股市,交易相对公平,市场相对透明,因为几乎无人能够操纵如此巨大的市场。对于资金比较小的人,机会和机构投资者均等。而且,汇市是24小时的,适合上班一族业余炒汇。在调查中,我们发现,65%的股民认为,今后可以考虑加入汇市。30%的股民明确表示,不会加入汇市。对此,我们得出调查结论:

1. 大多数股民对汇市不了解,而大多数汇民了解股市。
2. 相比较而言,股市风险大,被套者多,但收益率高。虽然汇市风险也不小,但入市门槛低,只需250美金即可开户,很适合资金不很宽裕的投资者。
3. 如果条件具备,大多数投资者愿意尝试进入汇市。

第八课　不要把鸡蛋放在一个篮子里

目前,国际外汇市场日成交量已超过1万亿美元,它历史虽短,但发展速度异常惊人,规模已远远超过股票、期货等金融交易市场,成为全球最大的投资市场。

对于外汇交易的门外汉来说,最好的起步方法,是注册一个模拟账户。模拟账户和真实账户的网上操作界面和使用方法完全一致,报价也是实时更新的,唯一不同的是资金为虚拟的,因此没有任何风险,是学习外汇交易的好方法。投资者可以通过模拟账户的操作,熟悉交易平台,然后根据自己的盈利情况,决定是否入市。

词语

1. 炒汇　　　chǎo huì　　　（动）　　speculate in foreign exchange
2. 观望　　　guānwàng　　　（动）　　wait and see; look on
3. 股价　　　gǔjià　　　　　（名）　　share price
4. 驻足不前　zhùzúbùqián　　　　　　stopover
5. 操纵　　　cāozòng　　　（动）　　control; command; operate; manipulate
6. 门槛　　　ménkǎn　　　（名）　　threshold; sill
7. 开户　　　kāi hù　　　　（动）　　open an account
8. 门外汉　　ménwàihàn　　（名）　　layman
9. 模拟　　　mónǐ　　　　　（动）　　imitate; simulate
10. 操作　　　cāozuò　　　　（动）　　operate; manipulate; handle; manage
11. 界面　　　jièmiàn　　　　（名）　　interface
12. 实时　　　shíshí　　　　　（副）　　real time
13. 虚拟　　　xūnǐ　　　　　（形）　　unreal

句型

1. 最主要的投资手段无外乎炒股和投资楼市。
"无外乎A"也可以说"不外乎",意思是除了A没有别的。

> 例:(1) 小张认为,在中国最赚钱的行业无外乎房地产业和娱乐业。
> (2) 在签约仪式上的发言无外乎说些感谢和祝贺的话。
> (3) 出门旅行要解决的问题无外乎衣食住行。
> (4) 任何商品的价格形成无外乎是供给与需求之间所形成的平衡关系。

练习:用括号中的词语完成对话:
　　A:情人节的时候,男士一般给女朋友送什么礼物?
　　B:_____。(无外乎)

2. 投资者普遍对后市的发展持观望态度。
   "持"的意思是抱有(某种意见、态度等)。

> 例：(1) 我们对中国经济走势持谨慎乐观的态度。
> (2) 我对大学生退学创业持保留态度。
> (3) 对于目前的金融危机,三家银行各持不同的态度。
> (4) 对于目前价格不断上涨的楼市,我们要持理性的态度,避免楼市泡沫的进一步扩大。

练习：用括号中的词语完成对话：
A：对待来投诉的客户,我们该怎么办？
B：_____。(持……态度)

☆练习☆

一、根据短文内容,判断正误：
1. 目前投资者对股市和楼市今后的发展前景信心不大。　(　)
2. 炒外汇需要的开户资金比较多。　(　)
3. 文章认为,和炒股相比,炒汇的投资者更容易赚钱。　(　)
4. 汇市往往会受到一些机构投资者的操控。　(　)
5. 外汇交易模拟账户和真实账户完全一样。　(　)

二、解释下面句子中画线词语的意思：
1. 目前楼市过热,已使得很多投资者不敢入市。
2. 投资者普遍对后市的发展持观望态度。
3. 对于资金比较小的人,机会和机构投资者均等。
4. 汇市是24小时的,适合上班一族。
5. 股市风险大,被套者多,但收益率高。
6. 虽然汇市风险也不小,但入市门槛低。
7. 对于外汇交易的门外汉来说,最好的起步方法,是注册一个模拟账户。
8. 报价也是实时更新的。

三、根据文章内容回答问题：
1. 本文作者倾向投资股市还是汇市？
2. 炒股和炒汇各有什么优点和缺点？
3. 目前国际外汇市场的发展情况怎么样？
4. 外汇交易的模拟账户有什么特点？为什么要设立这样的模拟账户？
5. 试根据文章中《经济半小时》所做的调查问卷统计说明,画出统计数据图表。

第八课　不要把鸡蛋放在一个篮子里

说一说

根据马先生的家庭收入情况和各种理财方式的利弊分组进行讨论。

三四个人一组,一个人扮演马先生,其他的人给马先生提出一些投资理财的建议,马先生可以提出自己的疑问,全组进行讨论。然后选一人代表小组向全班报告马先生的理财计划。

家庭成员	职业	收入（税后每月共13000元）	支出			
			日常消费	还房贷（共15年，已还5年）	教育费用	赡养父母
马先生 40岁	企业经理	9000元/月	每月3000元	每月2500元	2000元/年	1000元/月
马太太 38岁	中学教师	4000元/月				
孩子 10岁	小学生	无				
家庭财产	存款 10万元；现住房一套，110平方米，现值150万元；汽车一辆，价值20万					

七种投资理财方式哪种适合你？

储蓄、债券
收益率不高，但收益可预期、风险小，是稳健型投资者首选

股票
跌涨反复，投资者要有良好的心理素质、丰富的知识经验，还要有一点点运气

房地产
波动性比股市小，投资购房可出租获利，也可出售赚取差价。房价也存在变数，投资应慎重

基金
是让专家替人们炒股，能够获得更好、更稳定的收益

保险
投资类和分红类产品,可获得较高的增值回报。其核心是提供保障,理财只是附属功能
若注重短期收益而冲动地投保或退保,会得不偿失

黄金、收藏品
黄金可低买高卖短线操作,也可长期持有,保值和收藏
古玩和字画等收藏品投资,需有丰富的知识、独到的慧眼

外汇、期货
属于风险性的理财手段
门槛高且需要丰富的专业知识及经验,是少数人的"盛宴"

资料来源：《市场报》 张立云 编制 新华社发

第八课　不要把鸡蛋放在一个篮子里

写一写

写一篇短文,比较下面两幅图表的主要内容并分析股市投资时间和收益的关系。

图1　美国股票市场不同时期投资的盈亏比例　　图2　中国股票市场不同时期投资的盈亏比例

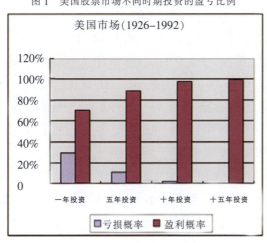
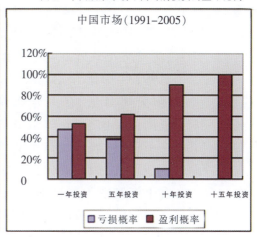

资料来源:付强,《中美基金持有人投资理念差异有多大?》,《证券时报》,11月20日

综合运用

一、搜检网站查询股市、楼市的行情,回答下面问题:

　　1. 目前股指是多少点?是牛市还是熊市?
　　2. 商品房和二手房的均价是多少?同比上涨了还是下降了?

二、阅读下面文字,然后口头向其他同学介绍在中国怎样买卖股票:

怎样买卖股票?

　　1. 开户:带上身份证件去券商的营业厅(如 XX 证券 XX 营业部)办理证券账户卡和资金账户卡,办理时间一般是在交易时间,即周一到周五的上午9:30－11:30,下午 13:00—15:00。最好是开通网上交易(免费),否则要打电话或者去营业厅刷卡,比较麻烦。

　　2. 办理银证转账。到开户的营业厅指定的银行(比如说工商银行),用你原来的存折(储蓄卡)或者新办一张,与你的资金卡关联起来,这个手续就是办理银证转账。这样平时只要往银行卡打钱,然后在网上或去银行转一下,就能把钱汇进股票交易的资金账户卡里了。

　　3. 开通网上交易。到指定的网站上去下载一个交易软件,然后安装上,通过账户密码,就能登录和做交易了。

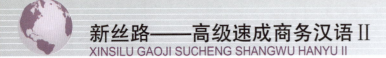

一、中国股票交易市场

1990年12月19日,上海证券交易所正式开业,1991年7月3日,深圳证券交易所正式开业。这两个交易所的成立标志着中华人民共和国证券市场的形成。1992年中国开始向境外发行股票,2月,第一支B股(上海真空电子器件股份有限公司B股)在上海证券交易所挂牌交易。1992年,中国证券监督管理委员会(简称证监会)正式成立。1996年12月,股票交易实行涨跌停制度(即指涨跌幅一旦超过前日收市价的10%,该股票将于当天停止交易)。

中国内地股票按上市交易所和买卖主体,可分为A股(上海和深圳)、B股(上海和深圳)、H股(香港)、N股(纽约)、S股;按持股主体,在2005—2006年的股权分置改革以前,可分为国家股,单位(法人)股和个人股。H股是在香港证券市场上市的股票,用港币交易。A股B股是在深沪证券市场上市的股票。A股用人民币交易,沪市B股用美元交易,深市B股用港币交易。

A股的正式名称是人民币普通股票。它是由中国境内的公司发行,供境内机构、组织或个人(不含台、港、澳投资者)以人民币认购和交易的普通股股票。B股的正式名称是人民币特种股票。它是以人民币标明面值,以外币认购和买卖,在境内(上海、深圳)证券交易所上市交易的。它的投资人限于:外国的自然人、法人和其他组织,香港、澳门、台湾地区的自然人、法人和其他组织,定居在国外的中国公民,中国证监会规定的其他投资人。二者的区别是:A股、B股的计价和发行对象不同,国内投资者显然不具备炒作B股、H股的条件。股票代码6字头开头的是上海的。股票代码0字头开头的是深圳的。

二、补充股市常用词语

retail/private investor　个人投资者/散户
institutional investor　机构投资者
broker/dealer　券商
negotiable share　可流通股份
convertible bond　可转换债券
treasury/government bond　国库券/政府债券
corporate bond　企业债券
closed-end securities investment fund　封闭式证券投资基金
open-end securities investment fund　开放式证券投资基金
fund manager　基金经理/管理公司

第八课　不要把鸡蛋放在一个篮子里

fund custodian bank　基金托管银行
mutual fund　公共基金
initial offerings　原始股
market capitalization　市值
face value　面值
NAV (Net Asset Value)　净资产值
p/e ratio　市盈率(price/earning)
commodity/financial derivatives　商品/金融衍生产品
dividend　红利/股息
red-chip share　红筹股
Consumer Price Index　消费者价格指数
DJIA (Dow Jones Industrial Average)　道琼斯工业指数
Federal Agency Issues　联邦机构债券
FTSI 100 (Financial Times 100 Share Index)　(英国)金融时报100种股票指数
Hang Seng Index　(香港)恒生指数
long position　多头
short position　空头
NASD (National Association of Securities Dealers)　美国全国证券交易商协会
NASDAQ (National Association of Securities Dealers' Automated Quotations System)　纳斯达克(美国全国证券交易商协会自动报价系统)
Nikkei 225　日经平均指数
NYSE' Volume　纽约证券交易量
NYSE's composite index　纽约证券交易综合指数
NYSE (New York Stock Exchange)　纽约证券交易所(也称Big Board)
S & P 500 (Standard & Poor's 500 Index)　标准普尔500指数
SEC (U.S. Securities and Exchange Commission)　美国证券交易委员会
speculate　投机
rebound　反弹
liquidate　清算,破产
refund　偿还
fraudulence　欺骗(欺诈)行为
insider trading/dealing　内幕交易
market manipulation　市场操纵
rescue package　一揽子救援计划

"听一听"录音文本

第一课 薄利多销 生财有道

市场部经理(男)：大家安静一下,开会了!今天的会议我们主要讨论进一步拓展西安果汁饮料市场的问题。根据有关报告,截至今年6月底,国内人均年消费果汁量仅为1公斤,只有世界消费水平的1/7,市场潜力很大。最近,我公司对西安市果汁饮料市场进行了一次调查。下面就先请王红介绍一下这次调查的结果。

王红(女)：我们在西安百货商店、大型超市等零售市场发放调查问卷共计6200份,收回有效问卷4060份。根据统计数据,我们对调查结果进行了简要的分析。绿色、天然、营养是消费者选择果汁饮料的主要原因。首先我们行业的现状是品种多、口味多,每家大型超市内,果汁饮料的品种都在120种左右,厂家达十几家,竞争十分激烈,果汁的品质及创新成为企业获利的关键因素,品牌果汁饮料的淡季和旺季销量没有明显差别。其次是消费群,果汁饮料的消费者年龄正趋于年轻化,15—34岁的占了62.7%,其中,又以女性居多。第三是影响购买因素,在口味方面,酸甜的味道销得最好;在包装上,家庭消费首选1升装的塑料瓶大包装,260毫升的小瓶装为旅游时的首选;价格方面,主要考虑价格因素的只占2.5%,追求方便的比例为15.5%。第四是品牌选择的习惯,习惯于选择多种品牌的消费者占54.6%,习惯选择单一品牌的占13.1%,其他的消费者回答无所谓。五是购买渠道的选择,六成以上的人选择在超市购买,酒店、餐厅等餐饮场所也具有较大的购买潜力。

第二课 精打细算 开源节流

男：大家早上好!今天的课我们先来谈谈有关成本和利润的问题。有人问我什么是比较直接简单的赚取利润的方法?有没有赚钱的绝招?我给大家的第一个忠告就是提升收

"听一听"录音文本

入,或者是削减成本。利润从哪里来呢?利润等于收入减去成本。所以要把最主要的时间放在控制销售成本上。我每天上班第一件事情,就是关注昨天的销售收入,预算收入是多少,实际销售收入是多少,昨天的实际成本是多少,预计利润是多少,目标有没有达到,如果没有达到目标,要马上找原因。看看市场有什么变化、消费者有什么变化、竞争对手有什么改变,要找出原因,这就是赚钱的意识。第二要持续地降低采购成本。因为在成本当中最重要的就两项成本,一个叫采购成本,一个是费用。在企业销售当中,收入减掉成本,一般这个成本叫生产成本,其中最重要的就是采购成本。收入减去采购成本是毛利,这个时候还不是利润。毛利再减去费用,费用包括房租、水电、办公设备、管理人员的工资等这些费用,毛利减去费用就是税前净利润。怎么来控制采购成本呢?首先就是货比三家,要多找几家供应商,经过比较,拿到最低的折扣。其次是不断开发新的供应商,优胜劣汰。第三就是尽量和别人合作,要尽量外包,培养专业厂商,不要什么事都自己做。这能使你最大程度地节省成本。

第三课 酒香不怕巷子深吗?

可口可乐和百事可乐的广告策略

可口可乐是中国改革开放后第一个在中国做广告的外企。1984年英国女王访华,中央电视台要播放英国BBC拍的一个纪录片,但没钱给BBC,于是找可口可乐赞助。可口可乐提出了一个赞助条件:在纪录片播放之前加播一个可口可乐的广告片。这成了新中国电视广告历史上的开篇之笔。

如今可口可乐在中国每年广告投入高达几千万元。起初,可口可乐是以国际化形象出现的,凭最典型的美国风格来打动中国消费者。后来可口可乐意识到,要当中国饮料市场的领导者,品牌融合中国文化才是长久之路,于是从1997年开始实施广告本土化的营销策略。

可口可乐广告本土化策略,主要体现在与中国文化的结合上。中国人喜欢热闹,尤其是春节这个合家团聚的日子,可口可乐贺岁片就通过拍摄剪纸、贴春联、放烟花、吃饺子等民俗活动,来表现可口可乐的中国味。

百事可乐作为世界饮料业两大巨头之一,100多年来与可口可乐不断竞争。因为百事可乐的配方、色泽、味道都与可口可乐相似,绝大多数消费者根本喝不出二者的区别,所以百事在质量上根本无法胜出,百事选择的挑战方式是在消费者定位上实施差异化。通过广告,树立其"年轻、活泼、时代"的形象,暗示可口可乐的"老迈、落伍、过时"。

百事可乐明确了自己的定位后,抓住年轻人喜欢酷的心理特征,推出了一系列以年轻人认为的最酷明星为形象代言人的广告,以"新一代的选择"、"渴望无限"做自己的广告语,选择音乐、运动作为广告内容,还利用大部分青少年喜欢足球的特点,特意推出了百事足球明星。1997年北京饮料市场百事与可口的占有率为1:10,到99年升至1:2.5,其中绝大部分贡献就是由年轻人做的。

第四课　知己知彼　百战不殆

女：下面我们有请本次展会主办方，上海展览服务有限公司的邓恩友总经理致开幕辞，大家欢迎！（掌声）

男：尊敬的各位领导、各位来宾、女士们、先生们，早上好！

首先请允许我代表第七届中国国际啤酒、饮料制造技术及设备展览会的主办单位和协办单位向出席本次展会的各位领导、各位记者、各参展单位以及关心和支持本次展会的各界朋友表示衷心的感谢！作为本次展览会的组织者，我们非常荣幸在上海与各位欢聚一堂！

两年一届的中国国际啤酒、饮料制造技术及设备展览会自1997年兴办至今已经是第七届了。多年来展览会致力于为中国和亚洲的啤酒、饮料同行提供最新设备和市场资讯，为参展企业和参观采购客商打造最佳交流平台，赢得了国内外参展企业的一致好评，已经发展成亚洲最具有代表性的专业盛会。

本届展览会由中国食品协会主办，由上海展览服务有限公司具体承办，在各级政府、相关行业协会、各大媒体以及广大参展商、国内外买家的大力支持下，本届展会于今天顺利开幕了。本届展会占用7个展馆，总展出面积达35,000平方米，规模比上届增长了40%。汇聚了500家来自世界20多个国家及地区的供应商，在展商数目及展品种类方面都突破了往届的纪录。

展览会期间还将举行23场有关啤酒、饮料制造技术的交流会，让与会者有机会接触更多高新技术方案，进一步提升业务。相信本届展会一定能取得圆满成功！为国内外食品企业提供向世界食品界展示新产品、新技术、新理念的空间。

本人借此机会谨向各商业赞助单位、展商致以诚挚的谢意！预祝各位来宾展会期间生意兴隆，身体健康，万事如意！谢谢！

第五课　买卖不成仁义在

女：王经理，好久不见，今天哪阵风把您吹来了？

男：我是无事不登三宝殿啊。今天来是想请您帮我一个忙。

女：有什么事您尽管说，咱们也打过好几次交道了，您别客气。

男：事情是这样的。我公司前不久从国内一家工厂订了800吨货要销往日本，可是因为产品的规格比较特殊，工厂交货时间一拖再拖。日本用户急了，他们的库存已经用完了，限定我们一定要在本月底以前把货物出运，否则我公司必须在日本给他们调货，那样我们的损失会相当大，因为目前在日本市场上找不到同样规格的货，我们必须用高一个档次的货进行再加工，这样成本会大大增加。

女：这种情况下，你们应该向延迟交货的工厂索赔呀。

男：按说当然应该工厂负责，可今天已经是11月21号了，昨天我去了那家工厂，从他们的生产情况来看，有100吨货没有把握能够及时运到港口。虽然他们愿意赔偿损失，可肯定会影响我公司在日本的信誉。所以我想来想去，只有贵厂有能力在这么短的时间里赶出这批货，所以希望贵厂能帮我们渡过这个难关。您看，这是产品的规格和要求，价格方面咱们好商量。

"听一听"录音文本

女：这个规格的产品我们生产是没有问题,不过你们这个时间太紧了,要想月底交货,我们就得连夜加班了。

男：我知道这事让您挺为难的,我方可以在与原厂家的合同价基础上每吨高30美元。

女：王经理,您知道现在是销售旺季,我们厂的订单很多,您这批货只有100吨,数量不多,而且我们也没有现成的原材料,还需要马上采购,这样算起来,做这单生意我们几乎是没有利润的,看在咱们是老朋友的份儿上,我帮您这个忙没问题,可是厂里确实有困难,您看能不能每吨提高40美元,这样我好跟厂里说。

男：40美元的话就大大超出我们的预算了。这样吧,每吨加35美元,这是我能做出的最大让步。不过我们可以付现金,而且可以先付50%定金,其余一半在交货当日就可以支付。您是了解行情的,我公司对贵方的优惠是前所未有的,您再考虑考虑吧。

女：那好吧,我马上跟厂里联系一下,请您先起草一个协议,下午直接到厂里来吧。

男：非常感谢,希望以后我们可以长期合作。

第六课 互惠互利

女：张律师,您好!今天我来主要是想就租房子时遇到的一些问题向您咨询一下。情况是这样的,去年2月我通过房产中介公司向现在的房东租了一套房子,当时租房合同是我们三方签订的,当时签的租期是一年。房东当时就收取了三个月房屋租金12000元和押金5000元,同时中介公司收取了2000元中介费。今年2月合同到期时又续签了一次,续签到明年12月底。因为租期比较长,所以我自己添置了一些家具电器什么的。没想到,签约不到半年,房东看现在物价上涨,周边房租也涨了,就催我涨房租,我也能理解房东,就和房东商议每月涨200元,可是房东非要涨500元,这么高的房租我很难承受,可怎么商量也不行,他说如果不涨500的话,就让我在本月底前搬走。我现在很为难,当初租房合同上写明了租赁期间不得涨房租,但是合同上没有明确写明违约责任,您说我该怎么办呢?能不能起诉房东违约呢?

男：当时你跟中介公司、房东签的是三方合同,现在出现合同纠纷,你应该首先找中介公司调解。

女：您不知道,那家中介公司现在已经不在了,续签的合同上也没有盖中介公司的公章。

男：你这个情况我基本上了解了,房东以物价上涨为由,要求每月房租上涨500元的行为应该算是变更合同的行为。《合同法》第七十七条明文规定"当事人协商一致,可以变更合同"。另外,你们签订的合同第4条也约定"甲方保证不得因为任何原因增加房租金"。所以,房东在没有取得双方协商一致的情况下,单方面的中止合同是要负违约责任的。我建议你可以向合同仲裁机关请求裁决。

女：那我在申请仲裁的时候应该提什么样的要求呢?

男：因为你们的合同上没有写明违约责任,所以我建议你就坚持要求房东继续履行合同。

女：那可不可以要求房东赔偿我的精神损失呢?因为这件事最近实在让我太烦心了。

男：你可以要求房东赔偿你因为此事造成的误工费,赔偿精神损失在法律上没有依据。

女：您这么一说,我就明白了,谢谢您,要是申请仲裁的过程中有什么问题我再向您请教。

第七课　诚信为本　和气生财

电话录音：这里是佳佳网上购物客户服务热线，产品介绍请按1，售后服务请按2。

女(企业客服代表)：喂，您好！请问您有什么问题？

男(客户)：是这样的，昨天我订购了你们宣传册上的一个木马大礼包拼图玩具，本来是说上午送货的，因为你们的送货人员临时改时间，改到了下午，所以我就让我家里人来签收玩具，可是等我晚上回家看到玩具的时候，发现礼包中的拼图实物无论大小、颜色、质地、内容都比宣传图差，感觉就是次品。我想问问，这个拼图是不是送错了？

女：如果送货地址和货号没错的话，应该不会送错。这种大礼包玩具属于让利促销产品，具体内容有好多种，送货是随机的。

男：为什么不提前告诉我一声呢？你们宣传册上面的拼图是动物的，可你们送我的拼图都是刀子、锤子什么的，我觉得动物拼图更适合我女儿，我孩子才一岁多，一个小女孩，颜色鲜艳的更好些。

女：我觉得您给孩子选玩具时，不要太人为划分是男孩还是女孩。刀子、锤子也挺好，都是平时经常用到的。而且我们这个礼包原来只有三样玩具，现在增加到了五样。

男：那么你认为我现在还占了你们便宜了？

女：我不是这个意思，这是玩具公司的行为，礼包也是提前配置好的。

男：可是你们送来的产品和宣传的质量也差了很多。

女：这个，我查一下，您稍等。……先生，是这样的，我们宣传册上的图片印错了，把另一种产品"木马大农场的拼图"当做普通拼图印上去了。如果您要换这个农场拼图的话，您还得加50块钱。

男：我要退货。

女：您要退货的话，因为您住得比较远，您还得交20元运送费。

男：啊？那算了吧，真是的！

第八课　不要把鸡蛋放在一个篮子里

我的炒股经验

小王：老张，最近我周围很多人炒股都赚钱了，我也想试一试，我知道您是老股民了，对炒股特别有经验，很想听听您的看法。

老张：我也谈不上有什么经验，不过从1997年入市到现在，经历过几次牛市熊市，对股市的了解稍微多一点吧。

小王：那么早您就炒股啦！一定赚大钱了吧。

老张：哪儿啊，都交了学费了。我第一次站在证券交易所红红绿绿的大盘显示屏前面的时候，也是一个不知所从的年轻散户，幸好大学学的是经济学，对股票、基金、期货、外汇不觉得太陌生。我还记得那是97年5月份，我工作不久，也没多少积蓄，又怕风险，只投了2

"听一听"录音文本

万块钱,没想到不到半年时间,大盘就从1500点暴涨到2500点。我还没来得及高兴,从98年就开始一路下跌,到99年5月跌到了1000点。两年之后又攀上了2600点的历史新高,不过,随后就开始了5年大熊市,多少人都被套牢了。我只好抛售了一部分,把之前赚的钱又都赔进去了。真像坐过山车一样。

小王:我听说06年07年大盘累计涨幅超过了230%,一直涨得很猛,不过去年底大盘反复振荡,行情有些低迷,您觉得现在入市机会怎么样?

老张:这个不好说,现在股市已经到了一个高点,现在进入风险会大一些。不过说到底,股市的涨跌和经济直接相关,现在人民币不断升值,所以肯定有大量热钱入市,我觉得从长远来看,大盘的走势应该是好的。

小王:那是不是再等等比较好?

老张:其实什么时间入市并不重要,即使去年的牛市也只有31%的人赚到了钱,其中以庄家和基金为主,散户只占了3%。如果是行情下跌时入市,也不一定就赔钱,只要看好绩优股,可以抄底,将来上升的空间可能很大。关键要看上市公司的业绩,业绩不好的公司不管有多少个涨停,也不能买。风险太大了。

小王:那您觉得要在股市赚钱最要注意的是什么?

老张:首先要有好的心态,利润总是和风险成正比的。股市一涨,人就很容易贪心、不理性,不要有赌博心理,我觉得我的抗风险能力比较弱,输不起,就不给自己设立太高的盈利预期,见好就收。还有一点,如果做短线投资,最好设定涨跌上下限。当利润或亏损达到你的界限时,一定要果断出手,不要存在侥幸心理。要不就做长线,肯定赚。

练习参考答案

第一课 薄利多销 生财有道

课文

一、增：增加、增强、增长、增产、增量、增幅、增收、增值、增资、增高、增广、增多、增进、增重、增减、增速；递增、猛增、年增、暴增、突增、大增、激增

势：势头、势必、势态、势不可挡、势在必行；趋势、形势、来势、涨势、跌势、走势、优势、劣势、强势

二、1. 同比   2. 递增   3. 快速   4. 总数
　　5. 年轻化 6. 关注度 7. 传输   8. 紧随其后

四、1. 期望   2. 百分点 3. 趋于   4. 依次   5. 看好
　　6. 市场份额 7. 势头   8. 比例   9. 分布   10. 市场占有率

读一读

一、1. B   2. C   3. A   4. C   5. B   6. D
二、1. 库存 2. 试点 3. 领域 4. 缺口 5. 转型
　　6. 接管 7. 考验 8. 滞销 9. 区域 10. 运作

写一写

　　公司最近就迅驰技术笔记本电脑的市场情况进行了调查，调查采取问卷方式，从七个方面调查了部分消费者的态度，具体调查结果说明如下：

　　在对第一个问题的调查中，89%的被调查者回答有意购买迅驰技术笔记本，11%的人表示否定。这说明绝大多数的人愿意购买这种电脑，市场潜力很大。迅驰技术笔记本电脑投放市场的话，销售前景比较乐观。

　　在被问到"你会选择哪个品牌的迅驰笔记本"这个问题时，选择IBM的消费者最多，占31.58%，排在第二位的是DELL，占21.2%，联想以15.59%的比例位居第三。选

练习参考答案

择其他品牌电脑的消费者所占比例都在10%以下，选择SONY、三星、华硕、HP、宏碁、同方的消费者比例依次为8.67%、7.3%、6.17%、3.09%、2.88%和1.33%。选择TCL的人最少，只有0.84%。这说明进口品牌在中国市场仍然具有比较明显的优势，IBM和DELL两个品牌就占有一半以上的市场份额。国内品牌中最突出的是联想，得到了比较多消费者的认同。

关于何时购买的问题，35.87%的被调查者回答打算在一年内购买。表示目前没有购买计划的人占26.71%。表示在半年内、三个月内和立即购买的消费者分别占22.4%、11.48%和3.55%。这表明有意购买的人七成以上会选择在一年内购买，商家应该抓住这个时机采取一些促销手段，可以有效地提高销量。

在对购买渠道的调查中，排在首位的是厂商专卖店，占45.05%，其次是电脑城，占42.3%，接近九成的人选择通过这两个渠道购买笔记本，说明绝大多数消费者愿意在比较传统的销售电脑的专业门店购买笔记本电脑。选择网上购买的人占10.15%，而在综合商场购买的人所占比例不到两个百分点。因此，厂商应该加强专卖店和电脑城的建设，为消费者提供更加专业的服务。同时网上销售有不断发展的趋势，厂商应该对这一新的销售渠道增加投入。

关于迅驰笔记本的价格，将近一半的被调查者选择10000—15000这个价位，其次是10000元以下的价位，能承受该价位的人所占比例为42.55%。选择15000—20000之间和20000元以上价位的人所占比例分别只有6.66%和1.17%。这样的结果显示，消费者的心理价位在15000元以下，因此厂商要注意提高产品的性价比，制定合理的售价。

在对笔记本电脑四大要素对消费者的吸引力调查中，最有吸引力的要素依次为强大的综合性能、无线上网、超长使用时间以及机型更轻薄，所占比例分别为43.52%、29.21%、16.71%和9.9%。这表明，消费者最看重电脑的综合性能，厂商应该花大力气在增强产品性能上做文章，以吸引更多潜在的消费者。

与前面两个问题相印证，在回答最影响被调查者购买迅驰笔记本的因素时，分别有38.16%和35.03%的人认为是价位和迅驰技术的成熟度，两者相加，比例超过70%。选择无线上网的人占22.14%，而只有3.19%的人认为外观是最影响自己购买的因素。从这个结果可以看出，合理的价位以及技术的成熟度是厂商最应该关注的问题。

第二课　精打细算　开源节流

课文

一、财：财产、财富、财经、财会、财力、财税、财团、财务、财物、财政、财宝、财路、财贸、财迷、财权、财神、财源、财运、财势、财大气粗；发财、理财、钱财、破财

　　本：本钱、本金、本息；成本、资本、亏本、赔本、一本万利、还本取息

四、1.（1）扩大　　（2）扩张　　（3）扩大　　（4）扩张

　　2.（1）弥补　　（2）赔偿　　（3）赔偿　弥补　（4）弥补

　　3.（1）期望　　（2）期望　　（3）展望　　（4）展望

新丝路——高级速成商务汉语 II
XINSILU GAOJI SUCHENG SHANGWU HANYU II

听一听

二、1. 折扣   2. 忠告   3. 绝招   4. 意识   5. 外包
    6. 优胜劣汰   7. 削减   8. 税前   9. 预算   10. 货比三家

读一读

一、1. B   2. C   3. A   4. C   5. A

三、1. 扩大/增加   2. 采取   3. 组成   4. 降低 提高
    5. 制约   6. 呼吁 采纳   7. 征收   8. 扩大

说一说

一、

    根据表中的数据可以看出，元达公司今年上半年的产值也就是营业总额为53.74万美元，同比增长了7.28万美元。该公司全部产品的总成本为45.19万美元，同比上升了6.69万美元，产值的增长幅度大于成本的增长幅度。而百元产值的成本为84.09万美元，只比去年同期上升了1.51万美元。在百元产值成本中主要包括原材料、工资以及费用等项目，其中，原材料价格上涨速度很快，同比上升了8.13万美元，超过了产值的增加幅度，但是由于公司今年一至六月提高了生产效率，精简了部分员工，同时努力节省企业运营费用，这两项措施分别使工资成本和费用成本下降了2.32万美元和4.6万美元。减轻了由于原材料价格上涨带来的成本压力，从而保证了上半年的利润没有减少。

写一写

    根据相关运营商业绩公告，去年和今年四大网络运营商的净利润均有所增加，其中天易公司去年实现净利润418亿元，今年达到535亿元，居四大运营商首位，明显高于居第二位的网信公司；网信公司今年的净利润同比基本持平，为211亿元，略高于去年的196亿元。净利润居第三位的是联成公司，去年净利润为79亿元，今年达到139亿元。净利润最低的是国通公司，去年和今年的净利润分别只有23亿元和49亿元。

    以上数据显示，网络运营商的总体盈利状况良好，其中天易公司的利润额明显高于其他三家运营商，在市场上具有明显优势，所占市场份额最大，实力最强。但从利润增长率来看，增长速度最快的却是国通公司，增长率高达113%，利润翻了一番。其次是联成公司，增长率为75.9%，天易的增长率为28%，而网信只有7.7%。这些数据说明，虽然国通公司和联成公司规模较小，净利润也比较低，但他们的利润增长幅度更高，出现强劲的发展态势，具有很大的市场潜力。

练习参考答案

第三课　酒香不怕巷子深吗？

课文

一、传：传媒、传真、传播、传染、传输、传达、传递、传授、传话、传球、传热、传言、传阅、传抄、传代、传呼、传唱、传统、传销；流传、宣传、上传（附件）

　　标：标准、标尺、标杆、标志、标签、标价、标牌、标记、标明、标点、标题、标注；商标、路标、达标、超标、目标、竞标、招标、投标、中标

听一听

二、1. B　　2. C　　3. A　　4. C

读一读

一、1. D　　2. A　　3. B　　4. C　　5. B
二、1. ×　　2. ×　　3. √　　4. ×　　5. √

写一写

张总经理：

　　您好！

　　我公司上个月委托天美广告制作公司设计制作我公司的咖啡平面广告。昨天该公司发来他们设计的两幅广告创意图。

　　我们确定的宣传创意主题是香浓咖啡。他们设计了两个方案，方案一的创意是在广告画的左下方有一个漂亮的鱼缸，里面有一条红色的金鱼，鼻子顶着鱼缸，大大的眼睛望着鱼缸右边的一杯咖啡，咖啡的香味似乎透过了透明的鱼缸，金鱼闻到咖啡的浓香，露出非常渴望的眼神。红色的咖啡杯的正面标有本公司的标志。在杯子的上方写着"别拦着我"，更反映出金鱼对香浓咖啡的渴望。整个图画以粉红色为底色，给人以温暖舒适的感觉。

　　第二个方案的创意是在图面的右上方有一个小窗户，窗台上放着一杯咖啡，飘着香气。杯子上也有本公司的标志，但不够清晰。在窗户左下方的石头缝里，有一小棵常春藤，沿着墙向着咖啡延伸。常春藤似乎已经触到了咖啡。在窗户下写着四个字"欢迎光临"。这个广告画的基色为绿色，与红色的咖啡杯对比鲜明。

　　从产品的角度来看这两个创意的话，这两幅广告画都表达了香浓咖啡的主题。但是我个人倾向于选择第一个方案，因为方案一以金鱼作为广告形象，比方案二常春藤这样的植物给人的感觉更活泼生动，视觉效果更好，而且暖色调也更符合咖啡带给人的放松与舒适。这样的创意会更有利于消费者接受我们的产品。

　　我们初步计划在北京市内各主要交通路口张贴大幅广告，同时在公共汽车车身及地铁站内投放广告。按照一年来计算的话，总预算约500万元。

　　随信附上两幅广告创意图，请张总过目并批示。

　　顺颂

安好！

宣传部经理
×××
2008年4月8日

第四课　知己知彼　百战不殆

课文

一、展：展览、展品、展馆、展厅、展室、展区、展台、展位、展期、展销、展出、展播、展评、展演、展示、展商、展板、展柜；会展、参展、布展、画展

办：办公、办理、办法、办事；举办、主办、承办、协办、开办、创办、兴办

四、1.（1）发表　　（2）公布　　（3）宣布　　（4）发布　　（5）发表　　（6）公布
2.（1）产业　产业　产业　（2）行业　（3）职业　（4）行业　职业　（5）职业

听一听

一、1. ×　2. ×　3. ×　4. √　5. √　6. √　7. ×　8. ×

读一读

一、1. ×　2. √　3. √　4. ×　5. ×

二、1. 举办/举行　增进　　2. 接待　　3. 树立　　4. 了解
5. 开展/举办/举行　　6. 创办/举办　　7. 起到　　8. 提供

说一说

　　总经理,您好!我想向您汇报一下关于我公司参加第96届中国化妆品交易会的参展计划。上个星期我们收到了中国百货商业协会发来的参展邀请函。我与部门的同事详细了解了该展会的情况,我们觉得这个展会值得参加。这是本行业历史最长、规模最大的一次展会,来自国内外的很多参展商都是美容化妆品行业的知名企业,如果能在这个展会上推出我们的新产品,相信一定可以树立良好的品牌形象,展示我公司的技术实力,扩大我公司的影响力。经过与同事商议,我们计划派我部门的李成和张军具体负责这次参展的准备工作,李成主要负责办理参展手续,张军主要负责准备样品和布置展台。根据邀请函上附录的展位情况,每个标准摊位都是3平方米。展馆二三层的展位比一层的便宜500元到1500元。我们觉得一层展位的展示效果会更好,初步打算预订一层国内B区8000元的一处摊位。如果我们提前6个月付清全款还可以优惠10%。至于展位的布置,我们是这样考虑的,一定要通过丰富的图片突出我公司的形象,如果您同意的话,可以把去年公司制作的宣传片在展位滚动播放。样品可以随便试用,并请我公司最优秀的推销员当场示范介绍产品。要是您觉得可行,我就让李成马上填写参会回执,然后再做一份书面计划一起给您批示。

写一写

二、
中国百货商业协会：
　　感谢贵协会给我公司发来的参展邀请函。我公司认为本次展会为化妆品行业打造了一个非常好的交流平台。我公司参加了前几届展会,都有很大的收获。不过,非常遗憾的是,最近我公司正在筹备举办一个大型促销会,时间也正好就安排在8月中下旬,

和展会的时间发生了冲突,届时我公司很难抽调出人手准备展会,因此只好放弃参加本届展会了。对此我公司深表遗憾,希望以后再有机会参展。在此,预祝交易会取得圆满成功!

　　顺颂

商祺!

天宝公司
3月1日

第五课　买卖不成仁义在

课文

一、货:货物、货款、货摊、货源、货运、货主、货真价实、货舱、货单、货车、货船、货到付款、货品、货柜、货轮;退货、陈货、出货、存货、订货、发货、大路货、供货、购货、国货、交货、进货、清货、奇货可居、取货、缺货、上货、售货、水货、提货、现货、验货、运货、货车、装货、备货、卸货

　　运:运费、运单、运输、运货、运价、运力、运量;海运、空运、承运、货运、客运、联运、启运、托运、装运、搬运、陆运

三、1. 签订/订立　　2. 办理　　3. 均摊　　4. 保障/维护

　　5. 收取　　6. 交接/装卸　　7. 保管　　8. 退

听一听

1. B　2. B　3. A　4. C　5. B　6. D

读一读

三、1. 问价、询价、还价、降价、涨价、报价、砍价、定价、削价、比价、提价、减价、讲价、杀价、标价、估价、加价、开价、竞价、让价、抬价、调价、限价、压价

　　2. 下订单、收到订单、赢得订单、保留订单、核对订单、查订单

　　3. 承担费用、增加费用、均摊费用、支出费用、计算费用、免去费用、磋商费用

　　4. 吸引客户、留住客户、拒绝客户、关注客户、信任客户、委托客户

说一说

一、1. C/H　　2. A　　3. E　　4. F/G　　5. B　　6. H　　7. D　　8. F/G

写一写

长乐贸易公司:

　　贵公司9月10日的来函收悉。非常高兴贵公司同意与我公司建立业务关系。我公司一定会珍惜贵公司给予我们的这个机会,为贵公司提供优质产品。遵照贵公司的要

求,随信附上我公司的产品目录册和一般报价,另外,部分印花布样本已通过快递寄出,请贵公司查收。我公司所报含佣金5%的伦敦到岸价请详见附件,如果贵公司决定下单的话,我公司可在下单后20内交货装船。如贵公司对价格及船期有异议,我公司可派业务代表到贵公司面谈。希望与贵公司合作愉快!

祝

安好!

金方纺织品有限责任公司
2009年9月15日

春景公司:

我方2008年12月21日早已答复了贵方并随信寄去了报价单,不知道为什么贵方竟没有收到。对此,我方深感遗憾。现将C210号商品价格随函附上,望查收。

我方非常希望有机会参与贵方的中西部发展战略,我方也相信我们双方的合作前景是非常美好的!希望不要因为迟误的信函而使我们双方的关系受到损害。

顺颂

商祺!

天立服装有限公司
2009年1月6日

第六课　互惠互利

课文

一、单:单子、单据、单证;订单、货单、凭单、签单、税单、提单、运单、账单、存款单、保修单、菜单、买单、名单、清单、传单、开单

　　检:检查、检验、检疫、检测、检修、检票、检索;免检、商检、年检、体检

二、签订合同、修改合同、更改合同、撕毁合同、履行合同、查验合同、中止合同

　　开立信用证、审核信用证、查验信用证

　　填写单据、保存单据、核对单据、查验单据

　　购买货物、装卸货物、运送货物、进口货物、出口货物、查验货物、验收货物

听一听

一、1. B　　2. B　　3. B　　4. C　　5. B

读一读

一、1. ×　　2. √　　3. ×　　4. √　　5. ×　　6. ×　　7. ×　　8. ×

练习参考答案

说一说

一、1. C　2. A　3. G　4. B　F 5　H 6　D 7　E 8

综合运用

二、

尊敬的张总经理和各位来宾：

　　晚上好！非常高兴今天在这里举办这个宴会来庆祝我公司与杭州同喜公司顺利签约。我公司与同喜公司这是首次合作，在与同喜公司正式接触之前，我们通过市场调查对他们的产品很有信心，而同喜公司也出于对我公司的信任，在价格等方面都给予了我们很大的优惠。正是由于双方的诚意以及共同的努力，经过一个多月的洽谈，今天终于正式签订了购货合同。在此我代表广州新科公司向参与洽谈事宜的人员表示感谢！也向同喜公司对我公司的信任和支持表示衷心的感谢！我希望我们双方能在这次友好合作的基础上建立长期的合作关系，共同开拓市场，相信一定可以促进双方的进一步发展。我提议，为我们双方合作顺利干杯！

第七课　诚信为本　和气生财

课文

一、效：效果、效益、效率、效应、效能、效用；生效、失效、有效、无效、成效、绩效、功效、
　　　　药效、见效、疗效、特效

　　诚：诚实、诚恳、诚心、诚信、诚意、诚挚；真诚、忠诚

二、1. 投诉　　2. 流失　　3. 言过其实　　4. 反馈　　5. 回访

　　6. 高昂　　7. 焦点　　8. 众所周知　　9. 维修

听一听

一、1. C　2. A　3. B　4. D　5. C　6. A

写一写

张女士：

　　您好！

　　来信已经收到。首先感谢您选择购买了我公司的产品。其次，我代表公司为这款衣架给您的孩子带来的伤害表示深深的歉意。对于您信中提到的问题，我们非常重视，将尽快派人上门检查该款升降衣架的质量和安装情况。如果确实是因为我们产品存在缺陷或者安装人员服务质量有问题而造成此次事故，我公司将按照有关规定为您退货或者重新更换产品，并且负担您孩子因此次事故产生的一切医疗费用和损失。如果您方

便的话,9月29日上午我公司人员将上门了解相关情况。再次对给您带来的不便表示歉意!

华天公司客户服务部
2009年9月28日

第八课　不要把鸡蛋放在一个篮子里

课文

一、券:券商、券种;证券、债券、奖券、国库券、入场券、购物券、早餐券、优惠券、参观券、兑换券、稳操胜券

　市:市场、市价、市面、市值;超市、开市、楼市、股市、汇市、车市、债市、牛市、熊市、入市、上市、收市、退市、休市、旺市、罢市、闭市、黑市、救市

二、承担风险、分散风险、带来风险、忽视风险、降低风险、规避风险、避免风险、减小风险、转嫁风险

　保证收益、实现收益、计算收益、增加收益、均摊收益、取得收益

　积累资金、投入资金、使用资金、筹集资金、回笼资金、拆解资金、挪用资金、缺少资金、冻结资金

　有/没有机会、寻找机会、错过机会、抓住机会、创造机会

听一听

一、1. C　　2. D　　3. B　　4. D　　5. A

读一读

一、1. √　　2. ×　　3. √　　4. ×　　5. ×

写一写

　　根据图表显示,1926年到1992年的美国股票市场的投资盈亏情况是,一年投资期的话,盈利概率为70%,而亏损概率为30%;如果投资期限延长到五年的话,那么盈利概率就升至近90%,而亏损概率则下降为10%;如果投资期限进一步延长至十年的话,亏损概率只有个位数,而盈利概率接近百分之百;而对于十五年投资来说,盈利概率可达100%,亏损概率为零。由此可见,随着投资时间的延长,盈利概率和亏损概率的变化规律非常明显。再观察中国股市1991年到2005年间的情况,总体趋势和美国股市一致,投资时间越长,收益越稳定,十五年的盈利概率都为百分之百,但是一年期的投资,盈亏概率几乎相当,都在50%左右,盈利概率略高于亏损概率,五年投资的盈亏比例为6:4,十年期的盈亏比例为9:1。对比美国市场的情况,中国市场仍处于起步阶段,很不成熟,对于中国股民来说,应该转变投资理念,尽量做长线投资才能有稳定的收益。

生词总表

说明：每课生词分为"课文"、"听一听"、"读一读"三个部分，在"生词总表"中 1.1、1.2、1.3 分别表示第一课"课文"、"听一听"、"读一读"里的生词。再如，4.2 就表示第四课"听一听"部分里的生词。

A

安装	ānzhuāng	7.3
昂贵	ángguì	1.3

B

百分比	bǎifēnbǐ	3.1
版面	bǎnmiàn	3.3
包修	bāoxiū	7.3
保修	bǎoxiū	7.3
保养	bǎoyǎng	7.3
报告	bàogào	1.2
报关	bào guān	6.1
报价	bào jià	5.3
暴利	bàolì	2.3
暴涨	bàozhǎng	8.2
背面	bèimiàn	3.3
被动	bèidòng	5.3
本金	běnjīn	8.1
本土化	běntǔhuà	3.2
本着	běnzhe	4.3
边缘	biānyuán	2.3
变更	biàngēng	6.2
标记	biāojì	6.3
波动	bōdòng	5.3
播放	bōfàng	3.2
博览会	bólǎnhuì	4.1
薄利多销	bólìduōxiāo	1.1
补偿	bǔcháng	6.3
不可抗力	bùkěkànglì	6.3

C

采购	cǎigòu	2.2
采纳	cǎinà	2.3
参展	cānzhǎn	4.1
仓储	cāngchǔ	5.3
仓库	cāngkù	5.1
操纵	cāozòng	8.3
操作	cāozuò	8.3
策略	cèlüè	3.2
产地	chǎndì	5.1
产能	chǎnnéng	1.3
产业	chǎnyè	4.1
长线	chángxiàn	8.2
厂家	chǎngjiā	1.2
畅销	chàngxiāo	1.3
抄底	chāo dǐ	8.2
超出	chāochū	5.2
超值	chāo zhí	4.1
炒股	chǎo gǔ	8.2
炒汇	chǎo huì	8.3
撤销	chèxiāo	6.3
成交	chéngjiāo	4.3
诚信	chéngxìn	7.1
诚挚	chéngzhì	4.2
承办	chéngbàn	4.1
承保	chéngbǎo	6.1
承诺	chéngnuò	5.3
承受	chéngshòu	6.2
承运人	chéngyùnrén	5.3

135

持平	chípíng	2.1
出席	chūxí	4.1
传输	chuánshū	1.1
传真	chuánzhēn	7.1
创办	chuàngbàn	4.3
次品	cìpǐn	7.2
促销	cùxiāo	3.3
存储	cúnchǔ	4.1
磋商	cuōshāng	5.1
催	cuī	6.2

D

打造	dǎzào	4.2
大礼包	dàlǐbāo	7.2
大盘	dàpán	8.2
大型	dàxíng	1.2
大宗	dàzōng	5.1
代表	dàibiǎo	4.2
代销	dàixiāo	8.1
单证	dānzhèng	5.1
单据	dānjù	6.1
淡季	dànjì	1.2
当事人	dāngshìrén	6.1
到位	dào wèi	1.3
递增	dìzēng	1.1
调查问卷	diàochá wènjuàn	1.2
调货	diào huò	5.2
订舱	dìng cāng	5.3
订单	dìngdān	4.3
订购	dìnggòu	7.2
订货	dìng huò	1.3
定金	dìngjīn	5.2
定期	dìngqī	7.1
动荡	dòngdàng	8.1
独家	dújiā	3.3
赌博	dǔbó	8.2
短缺	duǎnquē	6.1
短线	duǎnxiàn	8.2

对照	duìzhào	6.1
兑现	duìxiàn	7.3
多元	duōyuán	8.1

F

发布	fābù	3.3
发放	fāfàng	1.2
发货	fā huò	6.3
发票	fāpiào	5.1
发行	fāxíng	3.3
罚金	fájīn	6.3
反感	fǎngǎn	3.3
反馈	fǎnkuì	7.1
反映	fǎnyìng	7.3
房租	fángzū	2.2
费用	fèiyòng	2.1
分布	fēnbù	1.1
风格	fēnggé	3.2
浮动	fúdòng	8.1
幅度	fúdù	2.1
附件	fùjiàn	6.3
副本	fùběn	6.3
覆盖率	fùgàilǜ	3.1

G

改革	gǎigé	3.2
干扰	gānrǎo	3.3
钢材	gāngcái	2.3
港口	gǎngkǒu	5.1
高昂	gāo'áng	7.1
高消费	gāoxiāofèi	2.3
高压	gāoyā	7.1
个性	gèxìng	1.1
各界	gè jiè	4.2
各行各业	gèháng gèyè	3.1
各有千秋	gèyǒuqiānqiū	3.3
公平	gōngpíng	6.3
公章	gōngzhāng	6.2

136

生词总表

供大于求	gōngdàyúqiú	2.3
供应商	gōngyìngshāng	2.2
购物	gòu wù	3.3
股价	gǔjià	8.3
股民	gǔmín	8.1
股市	gǔshì	8.1
顾客	gùkè	3.3
观望	guānwàng	8.3
惯例	guànlì	5.1
广播	guǎngbō	3.1
广告语	guǎnggàoyǔ	3.2
规格	guīgé	5.2
国产	guóchǎn	2.3
国债	guózhài	8.1
过关	guò guān	7.3
过期	guò qī	6.1
过失	guòshī	6.1
过时	guò shí	3.2

H

海关	hǎiguān	5.1
海运	hǎiyùn	5.1
行情	hángqíng	4.3
毫升	háoshēng	1.2
合格	hégé	6.3
和气	héqi	7.1
合算	hésuàn	5.1
核对	héduì	6.1
呼吁	hūyù	2.3
互惠互利	hùhuì hùlì	6.1
互联网	hùliánwǎng	3.1
欢聚一堂	huānjùyìtáng	4.2
黄金时段	huángjīn shíduàn	3.1
回报	huíbào	3.1
回报率	huíbàolǜ	3.3
回访	huífǎng	7.1
汇聚	huìjù	4.2
汇市	huìshì	8.1
会展	huìzhǎn	4.1

货款	huòkuǎn	5.1
货轮	huòlún	2.1
货物	huòwù	5.1
货运	huòyùn	2.1
货主	huòzhǔ	5.1
获利	huò lì	1.2

J

积蓄	jīxù	8.2
基金	jījīn	8.1
绩优股	jìyōugǔ	8.2
计价	jìjià	6.3
计算机	jìsuànjī	4.1
纪录	jìlù	4.2
纪录片	jìlùpiàn	3.2
季度	jìdù	2.1
加工	jiā gōng	1.3
价廉物美	jiàliánwùměi	7.1
检疫	jiǎnyì	5.1
检验	jiǎnyàn	5.1
贱卖	jiànmài	5.1
交货	jiāo huò	5.2
交接	jiāojiē	5.1
交易	jiāoyì	4.3
焦点	jiāodiǎn	7.1
侥幸	jiǎoxìng	8.2
接管	jiēguǎn	1.3
接轨	jiēguǐ	2.3
接收	jiēshōu	1.1
结算	jiésuàn	6.1
截止	jiézhǐ	1.1
界面	jièmiàn	8.3
金奖	jīnjiǎng	4.1
金字塔	jīnzìtǎ	3.1
谨	jǐn	4.2
进价	jìnjià	5.1
进口	jìnkǒu	2.3
经销商	jīngxiāoshāng	1.3
精打细算	jīngdǎxìsuàn	2.1

精品	jīngpǐn	6.3
净价	jìngjià	5.1
净利润	jìnglìrùn	2.1
竞争对手	jìngzhēng duìshǒu	2.2
净重	jìngzhòng	6.3
纠纷	jiūfēn	6.2
居高不下	jūgāobúxià	2.3
举办	jǔbàn	4.1
巨额	jù'é	3.1
巨头	jùtóu	3.2
绝招	juézhāo	2.2
均摊	jūntān	5.1

K

开户	kāi hù	8.3
开幕	kāimù	4.2
开源节流	kāiyuánjiéliú	2.1
砍价	kǎn jià	5.3
客商	kèshāng	4.2
空白	kòngbái	3.3
口碑	kǒubēi	4.3
扣划	kòuhuà	8.1
库存	kùcún	1.3
款项	kuǎnxiàng	8.1
狂飙	kuángbiāo	1.3
亏损	kuīsǔn	2.3
扩张	kuòzhāng	2.1

L

老迈	lǎomài	3.2
老手	lǎoshǒu	5.3
理财产品	lǐcái chǎnpǐn	8.1
理由	lǐyóu	1.3
力度	lìdù	2.3
零部件	língbùjiàn	2.3
领域	lǐngyù	1.3
楼市	lóushì	8.1
律师	lǜshī	6.2
落伍	luò wǔ	3.2
论坛	lùntán	4.1

M

码头	mǎtóu	5.1
买方	mǎifāng	6.3
买家	mǎijiā	4.2
卖方	màifāng	6.3
毛利	máolì	2.2
毛利润	máolìrùn	2.1
毛重	máozhòng	6.3
门槛	ménkǎn	8.3
门外汉	ménwàihàn	8.3
弥补	míbǔ	2.1
秘书处	mìshūchù	4.1
免除	miǎnchú	6.3
模拟	mónǐ	8.3
目的港	mùdìgǎng	5.3
目录	mùlù	5.3

N

纳税	nà shuì	5.1
难关	nánguān	5.2
能源	néngyuán	2.1
牛市	niúshì	8.2
农场	nóngchǎng	7.2

P

拍摄	pāishè	3.2
排名	pái míng	3.1
抛售	pāoshòu	8.2
赔	péi	8.2
赔偿	péicháng	5.2
配方	pèifāng	3.2
配件	pèijiàn	7.3
配置	pèizhì	7.2
批量	pīliàng	5.1
疲软	píruǎn	2.3

生词总表

品种	pǐnzhǒng	1.2
频道	píndào	3.1
平台	píngtái	4.1
评选	píngxuǎn	4.1
凭证	píngzhèng	3.3

Q

期货	qīhuò	8.1
期间	qījiān	4.1
期望	qīwàng	1.1
期限	qīxiàn	6.1
起草	qǐcǎo	5.2
起诉	qǐsù	6.2
起源于	qǐyuányú	3.3
洽谈	qiàtán	4.1
签约	qiān yuē	6.1
签字	qiān zì	6.3
签收	qiānshōu	7.2
强劲	qiángjìn	3.1
青睐	qīnglài	3.3
清单	qīngdān	6.3
趋于	qūyú	1.1
渠道	qúdào	1.2
取消	qǔxiāo	2.3
取代	qǔdài	7.1
缺陷	quēxiàn	6.3
确认	quèrèn	4.3

R

燃油	rányóu	2.1
让步	ràng bù	5.2
让利	ràng lì	7.2
热钱	rèqián	8.2
热线	rèxiàn	7.1
人工成本	réngōng chéngběn	2.1
人均	rénjūn	1.2
人为	rénwéi	7.2
仁者见仁，智者见智	rénzhějiànrén zhìzhějiànzhì	2.3
任务	rènwù	4.3
荣幸	róngxìng	4.2
融合	rónghé	3.2
乳品	rǔpǐn	3.1
入市	rù shì	8.2

S

散户	sǎnhù	8.2
色泽	sèzé	3.2
商会	shānghuì	4.1
商检	shāngjiǎn	4.3
商情	shāngqíng	4.3
商议	shāngyì	6.2
上市	shàng shì	1.3
上网	shàng wǎng	1.1
申报	shēnbào	5.1
审理	shěnlǐ	6.3
升	shēng	1.2
升值	shēngzhí	8.2
生产线	shēngchǎnxiàn	1.3
生存	shēngcún	7.1
胜出	shèngchū	3.2
盛会	shènghuì	4.2
实时	shíshí	8.3
实物	shíwù	7.2
实用	shíyòng	1.1
市场份额	shìchǎng fèn'é	1.1
市场占有率	shìchǎng zhànyǒulǜ	1.1
势头	shìtóu	1.1
试点	shìdiǎn	1.3
收入	shōurù	2.2
收视率	shōushìlǜ	3.1
手段	shǒuduàn	7.1
手法	shǒufǎ	1.3
受益人	shòuyìrén	6.3
售后服务	shòuhòu fúwù	7.2

售价	shòujià	2.3
双重	shuāngchóng	2.1
赎回	shúhuí	8.1
树立	shùlì	3.3
数量	shùliàng	1.1
数码	shùmǎ	4.1
数目	shùmù	4.2
税费	shuìfèi	2.3
税前	shuìqián	2.2
税务	shuìwù	5.1
送货	sòng huò	7.2
随机	suíjī	7.2
随行就市	suíhángjiùshì	5.3
损耗	sǔnhào	5.1
损失	sǔnshī	2.1
缩水	suōshuǐ	8.1
索赔	suǒpéi	5.2
索取	suǒqǔ	7.3

T

态势	tàishì	3.1
摊位	tānwèi	4.3
谈判	tánpàn	6.3
讨价还价	tǎojiàhuánjià	5.3
套牢	tàoláo	8.1
特约	tèyuē	3.1
提供	tígōng	4.3
提货	tí huò	1.3
提前	tíqián	7.2
添置	tiānzhì	6.2
条款	tiáokuǎn	6.1
条件	tiáojiàn	3.2
调解	tiáojiě	6.2
通信	tōngxìn	1.1
通行	tōngxíng	5.1
同期	tóngqī	2.1
同行	tóngháng	4.2
偷工减料	tōugōngjiǎnliào	7.3
投诉	tóusù	7.1

图像	túxiàng	1.1
颓势	tuíshì	1.3
退回	tuìhuí	6.3
退货	tuì huò	7.2
退税	tuì shuì	5.1
拖	tuō	5.2

W

外包	wàibāo	2.2
外汇	wàihuì	8.2
外企	wàiqǐ	3.2
外商	wàishāng	4.3
网上购物	wǎngshàng gòuwù	7.2
网站	wǎngzhàn	4.1
旺季	wàngjì	1.2
违约	wéi yuē	6.2
维修	wéixiū	7.1
卫视	wèishì	3.1
委员会	wěiyuánhuì	4.1
误工	wù gōng	6.2

X

下单	xià dān	4.3
下跌	xiàdiē	2.1
下滑	xiàhuá	2.1
现场	xiànchǎng	4.3
现成	xiànchéng	5.2
现金	xiànjīn	5.2
现象	xiànxiàng	7.3
消费税	xiāofèishuì	2.3
消协	xiāoxié	7.3
效应	xiàoyìng	8.1
协定	xiédìng	5.1
协会	xiéhuì	4.1
协商	xiéshāng	6.2
卸货	xiè huò	6.1
新型	xīnxíng	3.3
信函	xìnhán	7.1

生词总表

信息	xìnxī	1.1
信用证	xìnyòngzhèng	6.1
兴办	xīngbàn	4.2
形象代言人	xíngxiàng dàiyánrén	3.2
性能	xìngnéng	7.3
熊市	xióngshì	8.2
虚假	xūjiǎ	7.3
虚拟	xūnǐ	8.3
宣传册	xuānchuáncè	7.2
削减	xuējiǎn	2.2
雪藏	xuěcáng	1.3
询价	xún jià	5.3
询盘	xún pán	5.3

Y

压力	yālì	2.1
押金	yājīn	6.2
延长	yáncháng	6.1
言过其实	yánguòqíshí	7.1
验收	yànshōu	6.1
样品	yàngpǐn	4.3
一次性	yícìxìng	8.1
一系列	yíxìliè	3.2
一锤子买卖	yìchuízi mǎimai	7.1
依据	yījù	6.1
以次充好	yǐcìchōnghǎo	7.3
意识	yìshi	2.2
印刷	yìnshuā	3.3
盈利	yínglì	1.3
营养	yíngyǎng	1.2
优惠	yōuhuì	5.2
优胜劣汰	yōushèngliètài	2.2
有利	yǒulì	5.3
有效期	yǒuxiàoqī	6.1
娱乐	yúlè	1.1
与日俱增	yǔrìjùzēng	7.3
与会	yùhuì	4.2
预算	yùsuàn	2.2

原油	yuányóu	2.1
约束	yuēshù	6.1
约定	yuēdìng	8.1
云集	yúnjí	4.3
运费	yùnfèi	5.3
运价	yùnjià	2.1
运输	yùnshū	2.1

Z

载重	zàizhòng	2.1
赞助	zànzhù	3.2
噪音	zàoyīn	7.3
责任	zérèn	5.1
增长点	zēngzhǎngdiǎn	2.1
增值税	zēngzhíshuì	2.3
债券	zhàiquàn	8.1
展品	zhǎnpǐn	4.3
展示	zhǎnshì	4.1
展望	zhǎnwàng	2.1
占便宜	zhàn piányi	7.2
涨幅	zhǎngfú	8.2
涨价	zhǎng jià	2.3
涨停	zhǎngtíng	8.2
招标	zhāo biāo	3.1
折扣	zhékòu	2.2
哲学	zhéxué	7.1
振荡	zhèndàng	8.2
争议	zhēngyì	6.3
征收	zhēngshōu	2.3
正版	zhèngbǎn	4.1
正比	zhèngbǐ	8.2
证券	zhèngquàn	8.1
证券交易所	zhèngquàn jiāoyìsuǒ	8.2
证书	zhèngshū	5.1
支出	zhīchū	3.3
智能	zhìnéng	1.1
制冷	zhìlěng	7.3
制约	zhìyuē	2.3
质地	zhìdì	7.2

141

致辞	zhì cí	4.2	赚钱	zhuàn qián	2.2
秩序	zhìxù	5.1	庄家	zhuāngjiā	8.2
滞销	zhìxiāo	1.3	装潢	zhuānghuáng	4.3
中介	zhōngjiè	6.2	装箱单	zhuāngxiāngdān	5.1
中止	zhōngzhǐ	6.2	装卸	zhuāngxiè	5.1
中标	zhòng biāo	3.1	装运	zhuāngyùn	6.1
忠诚	zhōngchéng	7.1	状态	zhuàngtài	2.1
忠告	zhōnggào	2.2	追捧	zhuīpěng	1.3
终止	zhōngzhǐ	8.1	资讯	zīxùn	4.2
仲裁	zhòngcái	6.2	宗旨	zōngzhǐ	4.1
众所周知	zhòngsuǒzhōuzhī	7.1	总计	zǒngjì	3.1
周期	zhōuqī	5.1	总数	zǒngshù	1.1
逐步	zhúbù	1.1	走势	zǒushì	8.2
主办	zhǔbàn	4.1	租金	zūjīn	6.2
主力	zhǔlì	3.3	租赁	zūlìn	6.2
主流	zhǔliú	4.1	租期	zūqī	6.2
驻足不前	zhùzúbùqián	8.3	组合	zǔhé	8.1
转型	zhuǎnxíng	1.3	组委会	zǔwěihuì	4.1